Margaret Heckel, Ursula Weidenfeld

Ich, meine Freundin und ihre Familie

Margaret Heckel
Ursula Weidenfeld

Ich, meine Freundin und ihre Familie

www.das-tut-man-nicht.de

KREUZ

www.kreuz-verlag.de

Umschlaggestaltung: Agentur IDee
Satz: de·te·pe, Aalen
Herstellung: fgb · freiburger graphische betriebe
www.fgb.de

Gedruckt auf umweltfreundlichem, chlorfrei gebleichtem Papier
Printed in

ISBN 978-3-7831-8045-9

Inhalt

Einleitung

Vor einigen Monaten stellte ich die Webseite »Das tut man nicht.de« in einem Kreis gut situierter, gebildeter Damen der Berliner Gesellschaft vor. Die Damenrunde war lustig, schon fast ein bisschen heiter, als ich über »Das tut man nicht« und sein Anliegen sprach. »Wir wollen für Menschen in ethischen Dilemma-Situationen Anregungen und Hinweise finden, wie man sich richtig verhält«, sagte ich – und war mir eigentlich ganz sicher, damit auf das Wohlwollen der Runde zu stoßen. Doch die Stimmung kippte sofort. Eine bekannte, ältere Künstlerin war regelrecht empört: »Wie könnt ihr so leichtfertig das zunichtemachen, wofür ich und meine Generation unser ganzes Leben lang gekämpft haben: die Freiheit, sich zu entscheiden?« Fassungslos argumentierte sie, es könne doch nicht sein, dass man sich jahrzehntelang gegen die Verhaltensklischees der Großeltern und Eltern gewehrt habe, um sich nun von den Jüngeren genau damit wieder konfrontieren zu lassen. »Die Mottenkiste bleibt zu!«, rief sie aus und verließ wütend das Haus.

Ich war ziemlich verblüfft und erschrocken. Vielleicht war es ja naiv anzunehmen, dass viele Menschen versuchen, das Richtige zu tun – und nur zu oft nicht wissen, was das Richtige ist. Vielleicht war es auch anmaßend, im 21. Jahrhundert nach den Leitplanken zu suchen, die das Leben in unserem Land, in unseren Vereinen, in unseren

Familien in einigermaßen geordneten Bahnen verlaufen lassen. Und vielleicht, schlimmer noch, sitzen die Nachgeborenen der 68er Generation wieder auf einem hohen Ross, konstatieren Moralmangel, und läuten damit reaktionäre Zeiten ein?

Wenn es aber richtig ist, dass Zusammenleben mehr fordert als die Einhaltung von Recht und Gesetz, muss es auch erlaubt sein, wieder einmal über die informellen Verabredungen nachzudenken, die unsere Gesellschaft prägen. Eine Mottenkiste wird nur dann daraus, wenn niemand mehr danach schaut, welche Konventionen eigentlich noch gültig sind, was sich überlebt hat, und was zu Recht heute in einem anderen Licht betrachtet werden muss. Wenn man nicht mehr lüftet und die alten Gewissheiten begraben bleiben, fressen die Motten zu Recht zuerst Löcher in das alte Gewand, bis es dann zerstört und total unbrauchbar ist.

Jede Gesellschaft, jede Gemeinschaft und jede Familie braucht Regeln, an die sie sich hält. Ohne Absprachen darüber, was man tut und das, was man nicht tut, kann eine Gesellschaft auf die Dauer nicht funktionieren. Klar: Das sind Regeln, die die Freiheit des Einzelnen einschränken. Es sind Konventionen, die sich auch zur Last auswachsen können. Doch unkonventionelles Verhalten kann es nur dann geben, wenn ein allgemeiner Ordnungsrahmen existiert, der von der Mehrheit angenommen wird. Ein Kind kann sich nur dann gegen seine Eltern auflehnen und die Regeln des Elternhauses infrage stellen, wenn es weiß, wogegen es eigentlich opponiert. Ein Regelbrecher kann nur dann Aufsehen erregen und die Entwicklung einer Gruppe vorantreiben, wenn es diese Konventionen gibt und wenn sie weithin akzeptiert sind. Selbst eine

Künstlerin lebt davon, dass es Regeln für Schönheit, die Wahrnehmung und Wertschätzung von Kreativität gibt. Indem sie diese Regeln verletzt oder bekämpft, gelingt es ihr möglicherweise, ihr eigenes Profil innerhalb der Kunstszene zu schärfen. Doch gelingt das doch nur, weil die anderen eben diese Vereinbarungen zuerst einmal für gut befunden haben.

Regeln kommen nicht zufällig zustande. Sie entspringen dem Bedürfnis des Einzelnen und einer Gruppe nach Ordnung und Sicherheit. Man will eben nichts falsch machen. Verhaltenscodes geben diese Sicherheit: Wer weiß, was »dunkler Anzug« auf einer Einladung bedeutet, blamiert sich nicht mit einem legeren Leinenjackett. Wer seine Kinder zu Höflichkeit und Zurückhaltung ermahnt, muss sich nicht mehr vor jeder »Friends-and-Family«-Party in der Firma fürchten. Wer in seiner eigenen Familie Rücksicht auf die Bedürfnisse der anderen zu nehmen lernt, hat vielleicht bessere Chancen, dass die eigene Ehe später hält.

Früher waren es die Kirchen, Religionsgemeinschaften, Philosophen und Lehrer und manchmal die Nachbarin oder die Großmutter, die das Richtig und das Falsch geprägt, vermittelt und weitergegeben haben. Heute haben sich diese Instanzen teilweise aus der Debatte abgemeldet, teilweise haben sie sich überlebt, und teilweise haben sie sich so diskreditiert, dass sie allenfalls noch für die eigenen Leute die Messlatte anlegen können: Alles ist erlaubt. Und in der düsteren Mottenkiste verrotten Auffassungen wie diese: »Die Ehe ist ein Versprechen in guten und in schlechten Tagen«, »Man sorgt für seine alten Eltern«, »Einem anderen die Freundin wegnehmen – das tut man nicht.«

Nur, dass die Fragen dummerweise nicht gleich mit den Antworten verschwunden sind. »Tut man das?«, fragt sich die gut verdienende Berufstätige, nachdem eine Freundin sie gefragt hat, ob sie bei ihr im Haushalt (schwarz)arbeiten kann. »Kann ich meine demenzkranke Mutter in einem Heim unterbringen, auch wenn ich ihr immer versprochen habe, es nicht zu tun?«, will eine von der Sorge um ihre Mutter zermürbte Frau wissen. »Mein (zweiter) Mann ist ungerecht zu meiner Tochter aus erster Ehe. Wem schulde ich Loyalität?«, quält sich ein Mitglied der viel gerühmten, inzwischen fast schon normalen Patchworkfamilie.

Es gibt sie also, die Fragen zu Moral, Anstand und ordentlichem Verhalten. Es sind nicht immer die ganz großen ethischen Dilemmata, die Philosophen und Gesellschaftswissenschaftler seit Jahrhunderten umtreiben, die bei uns landen. Manchmal sind es Alltäglichkeiten, hinter denen niemand – außer dem Betroffenen selbst – einen Wertekonflikt vermuten würde. Manchmal geht es um Benimmfragen. Doch in all diesen Dimensionen wird eines deutlich: Die Familie ist nach wie vor eines der lebendigsten Gebilde, in dem Werte immer wieder zur Disposition gestellt, verteidigt und erneuert werden.

Während der Arbeit an unserer Homepage hat es uns immer wieder verblüfft, dass viele der Fragen, die bei uns landen, für Dritte gestellt werden. Etwa nach dem Motto: »Ich habe eine Freundin, die hat eine Schwiegermutter, und die ist gemein zu ihr.« Wir sind nicht sicher, ob es tatsächlich immer die Freundin ist, die das Problem hat. Aber vielen gelingt es einfach besser, sich mit ihrem Dilemma auseinanderzusetzen, wenn sie es ein bisschen von sich wegrücken. Was würde ich tun, wenn meine Freundin das Problem hätte? Wozu würde ich ihr raten? Manche Dinge scheinen einfacher und klarer zu werden, wenn man sie nicht direkt mit der eigenen Person verknüpft. Sie werden ein wenig weg losgelöst von den eigenen Verletzungen und Befangenheiten. Und sie lassen sich leichter unter der, in ethischen Sachen so entscheidenden Frage »Wie wäre es, wenn alle so handelten?« fassen. Deshalb haben wir uns gerne darauf eingelassen, und deshalb heißen unsere Bücher auch, »Ich, meine Freundin und ihre Familie« und »Ich, mein Kollege und sein Job«. Diese Titelwahl weist noch auf etwas anderes hin, das uns wichtig ist: Es gibt sie ja nach wie vor, diese Netzwerke, Freundschaften und Familien, die sich Gedanken machen über das, was man tut. Die meisten von ihnen funktionieren wunderbar. Hier werden ethische Fragen aufgeworfen und diskutiert. Hier werden auch viele von ihnen beantwortet. Nur dass die Antworten auf diese Fragen in der Regel lediglich auf diesen kleinen Kreis angewendet werden. – Von gesellschaftlichen Normen sind sie schon aufgrund ihrer Vielfältigkeit weit entfernt. Wir würden sie aber gerne breiter diskutieren und so vielleicht auch Antworten finden, die allgemein akzeptiert werden können; sich also nicht nur auf einen kleinen Kreis von Menschen beschränken.

Und was ist mit den Antworten? Gibt es überhaupt noch gültige Antworten? Die gute Nachricht ist: Es gibt viele Menschen, die bereits in ähnlichen Situationen waren und Antworten für sich gefunden haben. Die schlechte: Es gibt nur sehr wenige allgemeingültige Prinzipien, denen man einfach nur folgen muss, um alles richtig zu machen. Das ist also dieses Buch: ein Angebot, über Fragen des modernen Familienlebens nachzudenken und eine Haltung dazu zu finden oder die eigene Haltung bestätigt zu finden. Wenn Sie es gelesen haben, werden Sie immer noch nicht letztgültig wissen, was »man« tut, und was »man« nicht tut. Aber wenn es gelungen ist, werden die moralischen »Leitplanken« wieder sichtbar, in denen sich das Familienleben anständig abspielen kann.

Das vorliegende Buch hat 13 Kapitel, die sich im Wesentlichen am Lebenslauf einer Familie orientieren. Es beginnt mit der Liebe, dem Zusammenleben und dem ersten Kind. Dann folgen die Fragen, die sich um Erziehung, Schule, Grenzen und das Familienleben drehen. Die Großeltern bekommen ein eigenes (kurzes) Kapitel. Danach soll über das Alter diskutiert werden, und über die Frage, wie Familien mit ihren Alten umgehen, wie das eigene Alter erlebt wird. Ein trauriger, aber dennoch unverzichtbarer Abschnitt über das Sterben folgt. Das sind die klassischen Bereiche des Familienlebens, zu denen die Das-tut-man-nicht-Mottenkiste immer noch einiges hergibt, das bedenkens- und bewahrenswert ist. Anders sieht das mit den Extrakapiteln aus: Wie gehen Familien mit Geld um? Gibt es ethische Grundsätze für Familien, die auseinandergebrochen sind und sich in anderen Konstellationen neu finden? Was ist mit dem Bedürfnis nach einer Auszeit von all den Pflichten und Regeln, die uns täglich umgeben? Und schließlich: Warum haben wir eigentlich Freunde? Wie gehen wir mit ihnen um?

I. Zusammen leben – Was geht und was nicht geht

Kaum ist man zusammen, zerkrümelt das kraftvolle »Wir schaffen das gemeinsam!« gelegentlich zu einem »Ich mache es so, und Du machst es anders.« Wie aber geht man mit den unterschiedlichen Wertvorstellungen um, die sich bald bemerkbar machen? Darf man beim Bügeln des zehnten zerknitterten Hemdes wenigstens Mordgedanken pflegen, wenn man schon nicht zur Tat schreiten wird? Außerdem wird der Publizist Michel Friedmann die Frage beantworten, ob Eifersucht in einer Beziehung gerechtfertigt ist oder nicht.

II. Liebe und Hochzeit – Die Karten werden neu gemischt

Wenn sich ein Paar zur Hochzeit entschließt, ist das im Allgemeinen ein Grund zur Freude und zur Zuversicht. Hier gibt es eine Menge Traditionen und Regeln, die auch heute noch gern und ausgiebig befolgt werden. Das Hochzeitsfest genauso wie die traditionelle Trauung: Kirche, weißes Kleid, großes Fest. Doch was gilt davon noch? Müssen sich die Brautleute in die Gästeliste hineinpfuschen lassen? Was ist mit den Eltern und Schwiegereltern? Das Gründen einer neuen Familie ist auch der Abschied von der alten – mit allen Tücken, die dieser Abschied so mit sich bringt. Die Regeln und Konventionen der beiden beteiligten Familien wirken in die Ehe hinein. Ein weites Feld für »Das-tut-man-nicht-Fragen« tut sich auf, in dem natürlich das trotzige »Wir machen das aber so!« nicht fehlen darf.

III. Ein Kind – Und dann?

Machen Kinder wirklich glücklich? Viele junge Paare sind sich da nicht so sicher. Sie verzichten darauf, Eltern zu werden und machen lieber Karriere. Geht auch beides? Die Glücksforscher haben dazu ihre eigenen Antworten gefunden. Sie sagen, dass zufriedene Menschen nicht unglücklicher werden, wenn sie sich für Kinder entscheiden. Unzufriedene Menschen dagegen werden durch ein Kind nicht von ihrem Missgefühl geheilt. Doch um das schiere Glück kann es hier nicht gehen. Die Ängste einer Mutter vor einem weiteren behinderten Kind spielen in diesem Kapitel eine entscheidende Rolle. Und das Dilemma einer Freundin dieser Mutter, die nicht weiß, was sie ihr raten darf. Der Philosoph Hans-Martin Sass hat darauf eine sehr bedenkenswerte Antwort gefunden.

IV. Erzieht Eure Kinder ordentlich – Und was, bitte, ist ordentlich?

Erziehungsratgeber gibt es massenweise, und sie werden auch dringend gebraucht. Doch Andreas Angst vor dem Sommer hat eine andere Qualität. Sie fürchtet die Zeit, in der die kleine Lena von nebenan wieder die Kontrolle übernimmt. Ihre kleine Tochter, Lara, kann sich gegen das Mobbing im Sandkasten allein nicht wehren. Andrea plagt sich mit dem Gedanken, ob sie einfach den Umgang mit der gemeinen Freundin verbieten darf. Aber: Darf man seinen Kindern die falschen Freunde entfremden? Und generell: Darf man sich überhaupt in die Kindererziehung der anderen einmischen? Eine erfahrene Großmutter, Ingrid Biedenkopf, beantwortet diese Frage auf ihre eigene Weise.

V. Wozu braucht ein Kind Grenzen – Braucht es überhaupt welche?

Natürlich brauchen Kinder Grenzen – nur, wo die liegen sollen, ist nicht so sicher. Müssen Vater und Mutter dieselben Grundsätze vertreten? Dürfen sich Kinder alles wünschen? Hubert ist der Kragen geplatzt, als er den Weihnachtswunschzettel seiner Kinder zu Gesicht bekam. Er will den Kindern diesmal einfach gar nichts schenken und Weihnachten ausfallen lassen. Darf er das denn? Bärbel Schäfer beantwortet außerdem die Frage der kleinen Katharina: Darf man sich überhaupt noch etwas wünschen?

VI. Das Kind, die Schule und ich – Wie sich Eltern durch die Schullaufbahn ihrer Kinder lernen

Kaum geht das Kind zur Schule, wird es auf einmal von Dritten bewertet, verglichen und einsortiert. Für viele Eltern ist schon das eine Zumutung. Wenn dann aber auch noch die Noten zu wünschen übrig lassen, gehen einige aufs Ganze: Was ist erlaubt, was ist verboten, wenn es darum geht, dass die eigenen Kinder die Schule schaffen? Lukas' Eltern entscheiden sich für Nachhilfe, damit der Junge das Abitur gut schafft – beim Fachlehrer, um ganz sicherzugehen, dass der Junge zielgenau präpariert wird. Ist das ethisch vertretbar? Nicht nur Lukas hat da so seine Zweifel.

VII. Außer Konkurrenz – Die Großeltern

Bei Oma und Opa gelten viele Dinge nicht, die zu Hause üblich sind. Großeltern haben das Recht, ihre Enkel zu verwöhnen. Und sie tun es auch nach Kräften. Allerdings: Je älter die Enkel werden, desto klarer stellen sie fest, dass Oma und Opa auch altmodisch sind. Sie wollen zum Beispiel keine Computerspiele schenken. Sollten sie aber! Warum das so ist, wird in Kapitel sieben beantwortet.

VIII. Wenn die Eltern alt werden – Wer will schon ins Heim?

Wer die ethischen Fragen, die sich an das Familienleben knüpfen, bis hierher ernst genommen hat, den erwartet in diesem Kapitel tatsächlich schwere Kost. Viele Familien werden nicht gut damit fertig, wenn die Oma oder der Opa nicht mehr als die selbstbewussten und fröhlichen Senioren in Erscheinung treten, als die sie sich uns im Großelternkapitel präsentiert haben. Sie quälen sich mit der Verantwortung, reiben sich in der Pflege auf, und glauben am Ende doch versagt zu haben, wenn sie ihre alten Eltern in ein Pflegeheim geben. Ist das richtig? Oder kann man auch ein gutes Gewissen haben, wenn man die Pflege der Eltern nicht selbst übernehmen kann oder will? Inge Jens haben wir zu diesem Thema befragt: Sie pflegt ihren an Demenz erkrankten Mann und hat eine ganz eigene Meinung über die Verantwortung, die gegenüber dem anderen besteht.

IX. Sterben – Wie können wir darüber reden?

Der eigene Tod und das Begräbnis – vor allem ältere Menschen beschäftigen sich mehr damit, als sie offen zugeben. Noch dramatischer aber ist es, wenn junge Menschen sterben müssen. Peter zum Beispiel. Er ist unheilbar krank, doch seinen Eltern will er das nicht offenbaren. Er hat Angst davor, sie trösten, ihre Verzweiflung ertragen zu müssen. Ist es in Ordnung, die alten Eltern erst einmal zu schonen?

X. Die Familie und das Geld – Wie gut verstehen wir uns wirklich?

Wenn jemand über eine Familie sagt, dass sich alle gut verstehen und miteinander zurechtkommen, dann hat es vermutlich noch keinen Erbfall gegeben. Am Umgang mit dem Geld zeigt sich, ob und wie gut eine Familie tatsächlich miteinander auskommt. Bei Christine und Joachim hat das Thema eine besonders pikante Note: Christines Eltern haben der jungen Familie mit ihren drei Kindern eine Menge Geld geschenkt. Aber nicht Christine und Joachim dürfen darüber verfügen. Das Geld gehört den drei Enkeln. Dürfen sie das Geld von den Kleinkindern borgen, um ein neues Familienauto zu kaufen? – Die evangelische Pfarrerin Lucie Panzer rät davon energisch ab, aber wie sehen das andere?

XI. Patchworkfamilien – Wie es drinnen aussieht, geht keinen was an!

Wenn Familien einmal auseinandergegangen sind und sich neu finden, versagen die Konventionen. Klar, auch Kinder aus Trennungsfamilien brauchen Grenzen – aber welche? Hier geht es nicht mehr um ein Team, das sich einigen will. Hier ist gelegentlich eine ganze Mannschaft involviert, die die neuen Regeln verhandelt – beziehungsweise verhandeln sollte. Und das, obwohl meist noch ein paar Rechnungen mit der ersten Familie offen sind. Wenn der Stiefvater den eigenen Kindern gegenüber großzügig ist, die neue Tochter aber streng erziehen will, gerät die leibliche Mutter schnell in ein kaum lösbares Dilemma: Wem schuldet sie mehr Loyalität, der Tochter oder dem neuen Partner? Auch liegt die Versuchung nach einer Trennung nahe, sich wenigstens am ersten Mann schadlos zu halten und ein paar Jahre zusätzlich Unterhalt herauszuschlagen. Menschlich verständlich, ethisch bedenklich, urteilt die ehemalige Bundesjustizministerin Brigitte Zypries.

XII. Auszeit – Die Freizeit nehm' ich mir!

Manchmal wird alles zu viel – man will einfach nur noch raus. Ist es selbstsüchtig, wenn man die Familie für eine Auszeit verlässt? Darf man einfach mal nur an sich selbst denken? Und was ist, wenn der Partner sich den gemeinsamen Urlaub nicht leisten kann? Darf man dann trotzdem wegfliegen, ohne ihn? Was hier geht und was nicht, damit beschäftigt sich dieses Kapitel. Und Doris Dörrie schreibt darüber, wie sie ganz persönlich ihre Pausen verbringt und warum diese so wichtig sind.

XIII. Freunde – Wo sind hier die Grenzen?

Das Schönste zum Schluss. Denn was gibt es Schöneres, als Freunde zu haben? Freunde sind längst an die Stelle der Großfamilie getreten. Das Gute daran: Im Gegensatz zu Geschwistern, Onkeln und Tanten kann man sie frei wählen. Eine Freiheit, die gelegentlich an ethische Grenzen stößt. Was soll man tun, wenn sich der andere plötzlich verletzend verhält? Oder der Freund von einem verlangt, die Versicherung zu betrügen, obwohl man das selbst nicht tun möchte? Zum Schluss steht die kontroverse Antwort von Alice Schwarzer auf die Frage: Darf ich meine Freundin bei mir zu Hause schwarzarbeiten lassen?

I. Zusammen leben – Was geht und was nicht geht

Sarah, eine Freundin von uns, hat einmal auf die Klage einer anderen Freundin, Maria, sie müsse zu Hause immer bügeln, ihr Mann dagegen rühre keinen Finger im Haushalt, gesagt: »Wer sich schon über die Bügelwäsche zerstreitet, der sollte gar nicht erst heiraten.« Das stimmt einerseits. Wer die Alltagskonflikte nicht bewältigt, der wird bei den großen Ärgernissen möglicherweise auch die Segel streichen müssen. Andererseits haben die kleinen Dauerbaustellen in Beziehungen natürlich einen Sinn. Hier kann man sich prima abarbeiten, ohne die Grundsatzfragen stellen zu müssen: Passen wir zusammen? Wollen wir weiter zusammen leben? – Und man kann auch Dinge tun, weil man sie für den anderen tut. Sich gegenseitig zu helfen, Dinge zu erledigen, die der andere nicht gut kann: Das kann Beziehungen nicht nur zermürben, es hält sie auch zusammen. Wie Maria davon genervt war, an jedem Wochenende die gesamte Bügelwäsche am Hals zu haben, hat sich ihr Mann darüber aufgeregt, in jedem Jahr wieder die Steuererklärung, den Reifenwechsel und das Rasenmähen für beide erledigen zu müssen.

Nachdem wir uns darüber unterhalten – und natürlich auch Ratschläge erteilt – hatten, sagte Maria auf einmal: »Wenn ich das schon machen muss, was ich ja jetzt einsehe, darf ich wenigstens dabei innerlich fluchen? Ich meine, das schadet ihm doch nicht.« Wir waren unsicher.

Sind hässliche Gedanken über andere schlimm? Sarah argumentierte, Mordfantasien seien moralisch fast genauso schlimm wie ein Mord. Der einzige Unterschied liege doch darin, dass man für die Gedanken nicht verurteilt werden könne. Ja, »und dass durch die Gedanken allein überhaupt kein Schaden entsteht«, hielt Maria dagegen. »Er weiß es nicht, ich tue es nicht, es tut ihm nicht weh, und es schadet ihm nicht. Also?«

Wir erinnerten uns an eine Geschichte, die einmal im Zeit-Magazin verhandelt wurde. Es ging darin um einen Vater, der mit seinem Kind – das sich unbestritten unmöglich benahm – an der Käsetheke eines Gourmetkaufhauses wartete. Das Kind war die reinste Plage, auch für den Vater. Doch als sich eine Kundin umdrehte und dem schrecklichen Kind eine Ohrfeige verpasste, knallte der Vater ihr auch eine. Anschließend hatte er Gewissensbisse und fragte im Zeit-Magazin, ob sein Hieb in dieser Situation gerechtfertigt gewesen sei. Er bekam die Absolution für seine Handlung. Um ganz ehrlich zu sein, hatten wir die Frage im Freundeskreis sehr unterschiedlich bewertet. Einige gestanden, dass auch sie samstags öfter mal Mordgedanken hegten, wenn sie beim Wochenendeinkauf auf Eltern mit ihrer unmöglichen Brut treffen. Andere sagten: »Ja, denken kann man das schon. Aber ihr tut es ja nicht. Das ist der Unterschied!«

Sind also hässliche Gedanken im Angesicht ewig knittriger Hemden oder tobender Kleinkinder erlaubt? Der radikale Moralist sagt: Nein. Es ist unmoralisch, sich beim Bügeln schreckliche Dinge auszumalen, die man dem Partner antun will. Auch dann, wenn man nicht im Traum daran denken würde, sie auszuführen. Der US-Ethiker Joshua Halberstam sagt, dass der Charakter, die Grundhaltung, darüber entscheiden, ob man ein moralischer Mensch ist. Steht man also mit der Grundhaltung am Bügelbrett, dass man schon wieder ein Businesshemd für den trägen Versager im Wohnzimmer bügeln muss, lässt sich das nicht damit entschuldigen, dass man ihm ja nie sagen würde, dass es bei seiner beruflichen Entwicklung auch eine bügelfreie Jogginghose tun würde. Auch fiese Gedanken sind unmoralisch, wie man es auch dreht und wendet.

Eine ausweglose Situation also? Nicht unbedingt. Die Glücksforscher weisen uns darauf hin, dass wir unsere Haltung zum Leben und zu unseren Mitmenschen sehr wohl ändern können. Wenn wir es schaffen, den Versager auf dem Sofa als liebenswerten Partner zu begreifen, der unsere Steuererklärung erledigt und zuverlässig Winter- gegen Sommerreifen tauscht, ändert sich auch unsere Haltung ihm gegenüber. Wahrscheinlich würde unsere Freundin Maria dann immer noch nicht gern bügeln, aber vielleicht wäre sie in der Lage, das Hemdenbügeln als ihren Teil der Pflichten in einer Beziehung zu begreifen.

Wie man seine Haltung ändern kann, hat der britische Sender BBC im Jahr 2005 in einem groß angelegten Experiment erforscht: Es gibt keine langweiligere und trostlosere Stadt in ganz England als Slough, eine Schlafstadt im Großraum Londons. Alle Meinungsumfragen ergaben, dass die Menschen von Slough dazu noch die unglücklichsten im ganzen Land sind. Sie schleppen sich zur Arbeit, kommen abends müde zurück. Sie haben keine Lust, noch eine Runde zu joggen, sich mit den Nachbarn zu treffen oder sich irgendwie für die Allgemeinheit zu engagieren. Lieber sitzen sie vor dem Fernseher. Slough ist der Inbegriff der Langeweile. Deshalb hat sich die BBC diese Stadt ausgesucht. Unter dem Titel »Making Slough happy« haben der Sender, Glücksforscher, bürgerschaftlich Engagierte und die Stadt versucht, die Menschen dort glücklicher zu machen. Es ist – zumindest vorübergehend – gelungen. Die Truppe hat den Bürgern von Slough geholfen, ihre Haltung zu verändern. Eine von den vielen Übungen für die Teilnehmer des Programms war, sich jeden Abend vor dem Einschlafen fünf Dinge in ihrem Leben vor Augen zu führen, für die sie dankbar sind. Andere Aufgaben waren, jeden Tag jemandem zuzulächeln, den man nicht kennt, ein Mal im Jahr etwas zu pflanzen (und es am Leben zu halten), ein Mal in der Woche eine Stunde lang ungestört mit dem Partner zu reden oder Sport zu treiben. Das Ergebnis: Am Ende des Experiments ging es den Bürgern von Slough besser. Natürlich ging die Sache am Ende nicht gut aus. Nach dem Ende des Experiments schauten die Leute eben doch lieber wieder fern, als Sport zu treiben oder sich mit dem Partner zu unterhalten. Dennoch werteten die Glücksforscher den Versuch als Erfolg: Menschen werden glücklicher, wenn sie die Haltung zu ihrem Leben ändern.

Insofern gibt es auch einen Weg für die Frau, die ihren Mann beim Bügeln hasst, oder das Kind an der Käsetheke abscheulich findet: Sie entkommt zwar dem Problem nicht, dass mordlustige Gedanken ethisch verwerflich sind. Aber sie muss sie nicht mehr denken.

Er will nicht, dass ich meinen alten Freund treffe

Eifersucht ist eine der Eigenschaften, die eine Beziehung belasten und sogar gefährden können. Anfangs findet man die Eifersucht des anderen gar nicht so schlimm. Es ist doch schön, wenn der Partner einen aufmerksam umgibt. Manchmal hebt es ja auch das Selbstwertgefühl, wenn der andere denkt, man werde auch von anderen begehrt und umschwärmt. Man kokettiert vielleicht auch ein bisschen damit, dass man auch andere haben könnte – das steigert in den Augen des Eifersüchtigen sogar den Wert der neuen Liebe. Er hat Glück gehabt, jetzt muss er das Glück bewachen. Die negativen Seiten der Eifersucht treten erst später deutlich hervor: Der Partner möchte Exklusivität, nicht nur in der Liebesbeziehung. Er beschränkt die Freiheit des anderen, um seine eigene auszudehnen. Um Eifersucht dreht es sich auch in der Frage von Astrid, die Michel Friedman für uns beantwortet hat.

? «Mein Mann leidet sehr unter meiner Freundschaft zu einer früheren Liebe. Er findet, ich müsse mich endgültig für ihn entscheiden und den Kontakt abbrechen. Hat er Recht?«

! Michel Friedman:
»Sagen Sie Ihrem Mann, dass er nicht eifersüchtig, sondern selbstbewusst sein soll. Die Voraussetzung dafür ist natürlich, dass Sie Ihren Mann lieben und er Sie auch. Und dass es sich bei der Beziehung zu Ihrer früheren Liebe wirklich nur um Freundschaft und nicht mehr handelt. Liebe ist nicht Freundschaft, das sind unterschiedliche Dinge. Dies auszuhalten, ist Grundvoraussetzung für eine vertrauenswürdige Beziehung ohne Angst.«

Der Publizist Michel Friedman weiß natürlich genau, dass es mit dem Sagen allein nicht getan ist. In wenigen Sätzen zerlegt er die Frage von Astrid: Hier geht es möglicherweise um Ambivalenz, vor allem aber geht es um Liebe und Vertrauen. Damit sich Astrids Mann von seiner Position lösen kann, muss er ihr vertrauen. Er muss wissen, dass da, wo einmal mehr war zwischen dem anderen Mann und seiner Frau jetzt nicht mehr mehr ist. Vertrauen ist die notwendige Bedingung dafür, dass Astrid ihren Ex-Freund auch mit der Zustimmung ihres Mannes treffen könnte. Denn nur in einer Beziehung, in der einer dem anderen traut, hat die Unterscheidung zwischen Freundschaft und Liebe Platz.

In Eifersuchtsfragen ist es natürlich immer eine große Versuchung, die Verantwortung an dem Konflikt dem anderen, dem Eifersüchtigen zuzuweisen. Der entblößt sich ja, während die oder der andere in einer moralisch vergleichsweise komfortablen Situation bleibt: unschuldig und doch Gegenstand des wachsenden Misstrauens. Doch so eindeutig ist es nicht immer.

Astrid muss sicher sein, dass sie das Vertrauen auch verdient. Nur wenn die Frage in all ihren Facetten ehrlich ist – die alte Liebe ist tatsächlich eine verflossene und abgeschlossene – kann sie von ihrem Mann aufrichtig mehr Selbstbewusstsein im Umgang mit ihren alten Freunden erwarten.

II. Liebe und Hochzeit – Die Karten werden neu gemischt

Der Weg zur eigenen Hochzeit ist manchmal steiniger als man denkt. Das erfahren nahezu alle, die sich entschlossen haben zu heiraten. Zunächst gibt es oft das Problem, dass einer der Partner wild entschlossen ist, eine Ehe einzugehen, der andere aber dummerweise noch nicht bereit ist. Darf man ihn fragen? Wenn sie nicht will, steht sie dann wirklich zu mir, oder hat sie Vorbehalte, die sie nicht offenbart? Warum überhaupt heiraten, unsere Liebe braucht das nicht. – All das sind Fragen, die in erster Linie die Beziehung eines Paares beschreiben. Doch an der Frage »Heiraten oder nicht?« offenbaren sich auch unterschiedliche Wertvorstellungen und Erwartungen. Wer heiratet, tut das in der Regel immer noch, weil er sein weiteres Leben mit diesem einen Menschen teilen will. Obwohl jeder weiß, dass es oft nicht gutgeht, ist Heiraten eine der Für-immer-Geschichten des Lebens. Manche wünschen sich nichts sehnlicher als diesen Bund. Andere fürchten das Versprechen, das damit verbunden ist, weil sie ahnen: Für immer ist kaum etwas im Leben.

Jedenfalls gilt das für das persönliche Glück. Wirtschaftswissenschaftler und Soziologen haben herausgefunden, dass die meisten Menschen in ihrem Leben auch durch grundlegende Entscheidungen nicht glücklicher oder unglücklicher werden. Die Ehe zum Beispiel macht zwar glücklicher, aber nur eine Zeit lang. Im Jahr vor der

Hochzeit und im Jahr danach sind die Partner tatsächlich glücklicher. Danach aber sinkt ihre Lebenszufriedenheit wieder ziemlich genau auf das Niveau, das vorher schon da war. Glück allein, oder die Erwartung, erst durch eine Hochzeit glücklich zu werden, sind also nicht immer eine tragfähige und dauerhafte Basis für eine Beziehung.

Man könnte also denken, dass sich hier, also bei der Entscheidung für eine Heirat oder dagegen, die meisten ethischen und moralischen Fragen auftun. Auf »Das tut man nicht« finden sich aber eine Menge Fragen, die gelegentlich ein bisschen klein erscheinen, wenn man sie an der großen Grundsatzentscheidung misst. Viele Fragen betreffen – auf den ersten Blick – ganz pragmatische Probleme: Wo wird gefeiert? Kirchliche Trauung, Ja oder Nein? Wie groß soll die Hochzeit werden? Wer wird eingeladen? Wer bezahlt für das Fest? Wer sind die Trauzeugen? Betrachtet man diese Fragen genauer, zeigt sich, dass dahinter versteckt oft die großen Themen mitschwingen und mitdiskutiert werden. So bekommen auch kleine Dinge eine große Bedeutung. Macht man sich klar, wie sehr Alltäglichkeiten das Grundsätzliche bestimmen, dann erst recht. Es gibt Paare, die sich über das Bügeln ihrer Hemden und Blusen so zerstreiten, dass sie sich am Ende trennen. Andere zanken beim Autofahren und Straßenkartenlesen so sehr, dass sie letztendlich auf gemeinsame Autoreisen verzichten. Und wieder andere geben vom Kampf um das Einräumen der Spülmaschine zermürbt auf. An den kleinen Konflikten des Alltags werden auch die großen Entscheidungen des Lebens festgemacht.

Carina und Stefan wollen heiraten. Carinas Vater ist schwer krank, sie möchte ihn an ihrem großen Tag aber unbedingt dabei haben. Die Hochzeit wird um den kranken Vater herum geplant. Deshalb beschließen die beiden, zuerst nur ganz klein, »ganz für uns« zu heiraten. Das große Fest soll dann im Haus von Carinas Eltern stattfinden, damit auch der Vater teilnehmen kann. Zum Standesamt laden sie außer ihren Trauzeugen niemanden ein.

Dann aber das: Carina ist wie vom Donner gerührt, als sie aus dem Standesamt kommen. Da stehen Stefans Eltern und seine Geschwister, mit Luftballons, Plakaten, bemalten Bettlaken und Sektgläsern. Carina tobt innerlich. Sie findet, dass Stefans Familie sich unmöglich verhalten hat: »Ich bin nach wie vor sauer«, schreibt sie noch Wochen danach auf »Das tut man nicht«.

Man kann sich das richtig vorstellen: Die heitere Familie des Bräutigams lässt es vor dem Standesamt so richtig krachen, die angesäuerte Braut steht daneben und denkt an ihre Familie. Sie findet es unverfroren, wie mit den Wünschen des Brautpaares umgegangen wurde und ärgert sich über die albernen roten Herzen, die auf das Bettlaken gemalt wurden. Ihr Kummer ist nur zu verständlich. Denn erstens respektiert die Familie ihres Mannes ganz offensichtlich die gemeinsamen Pläne schon von der ersten Stunde an nicht. Und zweitens muss sie sich nun fragen, wie sie der eigenen Familie erklären soll, dass die anderen doch da waren.

Aber ist das so wichtig? Die Frankfurter Psychotherapeutin Irmgard Betzler sagt, dass es manchmal ganz gut ist, wenn man sich an den eigentlichen Sinn eines Hochzeitsfestes erinnert: »Worum geht es bei einem Hochzeitsfest? Darum, dass das Brautpaar fröhlich gefeiert wird, oder darum, dass aus paritätischen Gründen nur ja kein Familienpart bevorzugt oder benachteiligt wird?« Die

Antwort ist natürlich klar. Warum soll man sich einen solchen Tag verderben lassen von Menschen, die sich nicht sklavisch an die eigenen Pläne halten?

Bedeutend wird die Sache nur dann, wenn man beginnt, mehr dahinter zu sehen. Wenn zum Beispiel die Braut ohnehin Vorbehalte gegen die Familie ihres Mannes hat. Wenn es im Vorfeld schon Ärger gegeben hat, weil die andere Familie offen gegen die Verabredung einer kleinen Hochzeit war. Dann wird mit solchen Aktionen und Reaktionen oft der Grundstein für ein schwieriges Verhältnis gelegt – unter dem dann auch die Ehe leidet.

Ein anderes, mit uns befreundetes Paar hatte sich seine Hochzeit ganz ähnlich ausgedacht: Sie wollten die standesamtliche Hochzeit nur im allerengsten Kreis feiern, und danach selbst für ihre Gäste kochen. Ein paar Wochen später sollten die kirchliche Trauung und ein großes Fest für alle stattfinden.

Wer aber stand vor dem Standesamt? Ausgerechnet die Tante, die die beiden am wenigsten leiden konnten, und sie war natürlich auch nicht allein. Sie hatte gleich noch ihren Lebensgefährten mitgebracht, der sich auch nicht gerade der größten Beliebtheit in der Familie erfreut. Die uneingeladene Tante hatte Wind von der Sache bekommen und sich auf den Weg gemacht. Was macht man da? »Augen zu und durch«, sagte unsere Freundin. Natürlich kam die Tante mit, und der Lebensgefährte auch. Dem kleinen Fest und dem kleinen Essen hat es nicht geschadet. Hätte sie sich aufgeregt, wäre daraus ein Drama geworden und der an sich schöne Tag wäre verdorben gewesen.

Irmgard Betzler findet ebenfalls, dass Carina sich eigentlich nicht beklagen kann: »Die Familie Ihres Mannes hat sich an Ihre Wünsche gehalten: Die Familienfeier anlässlich Ihrer Hochzeit fand im Haus Ihrer Eltern statt. Sie hat respektiert, dass Sie im ganz kleinen Kreis nur mit den Trauzeugen geheiratet haben. Es ist keineswegs respektlos gegenüber Ihnen oder Ihrem Vater, Sie nach der Trauung vor dem Standesamt zu überraschen: das ist öffentlicher Raum, das kann man tun. Schade, dass Sie sich nicht freuen konnten über die muntere angeheiratete Familie und ihre Hochzeitsüberraschung!«

Nun liegen bei vielen Brautpaaren die Nerven vor der Hochzeit ohnehin blank. Kleidung, Essen, Wetter, Gäste und Frisur werden zu Staatsaffären, sobald die Sache einmal beschlossen ist. Vor allem die Gästeliste bietet Zündstoff, denn Hochzeiten sind teuer. Bevor man alle einlädt, überlegt man lieber zwei Mal – es sei denn, die Eltern spendieren die Hochzeit. Denn dann überlegt man drei Mal, weil die Eltern von Braut und Bräutigam auch noch gerne mitdenken. Wer bezahlt, redet meist auch bei den Einladungen mit. Da wird die entfernte Tante auf einmal zur Herzensangelegenheit und die Nachbarin zur Busenfreundin der Schwiegermutter, die unbedingt dabei sein muss. Das junge Paar steht betroffen daneben und wundert sich zunehmend, wer da so alles mitfeiern soll.

So erging es auch Jennifer und Markus. Sie studieren beide noch und wollen heiraten, ihre Eltern und Schwiegereltern sind damit einverstanden. Die Schwiegereltern sind sogar so einverstanden, dass sie den beiden ein großes Fest finanzieren wollen. Jennifer ist begeistert von der Großzügigkeit ihrer neuen Familie – bis die Schwiegereltern die Verwandtschaftsliste durchbuchstabieren, die eingeladen werden soll. Den einen schuldet man eine Gegeneinladung, »schließlich waren wir doch auch auf der Hochzeit

Deiner Cousine«, die anderen hat man einfach lange nicht gesehen. Und eine Hochzeit ist doch immer eine schöne Gelegenheit, um wieder einmal zusammenzukommen. Jennifer und Markus fühlen sich zunehmend entmündigt. Das eigene Fest droht zum Familientreffen der Schwiegerfamilie zu werden, die paar neuen Gesichter aus Jennifers Familie fallen da gar nicht mehr auf.

Marina Litterscheidt ist Chefredakteurin des Magazins Hochzeit. Sie kennt das Problem der Gästelisten nur zu gut. »Wünschenswert wäre eine kluge Zurückhaltung und diplomatische Kompromissbereitschaft auf beiden Seiten«, sagt sie. »Denn einerseits hat es weder Stil noch gute Form, wenn die Eltern zwar die Kosten übernehmen, zugleich aber verlangen, ohne Rücksicht auf die Wünsche der Kinder, über die Gästeliste zu bestimmen. Das grenzt schon fast an Erpressung. Andererseits darf man ruhig auch dem Brautpaar empfehlen, bei einer großen Hochzeit über den eigenen Schatten zu springen und mit der Einladung vielleicht nicht so nahestehender Gäste Größe zu zeigen.«

Litterscheidt rät zu einem Hochzeitskomitee, das die Dankbarkeit von Jennifer und Markus über die Großzügigkeit ihrer (Schwieger)Eltern und den Wunsch, ein eigenes Fest zu feiern, gegeneinander verhandelt. Das erinnert an ein klassisches Mediationsverfahren, in dem sich zerstrittene Parteien einem neutralen Schiedsrichter und dessen Verhandlungsgeschick anvertrauen. Allerdings funktioniert das natürlich nur, solange es tatsächlich um die Einladungsliste geht. Deshalb sind die Nutzer unserer Homepage wesentlich rigoroser, wenn sie das Problem von Jennifer und Markus diskutieren. »Meine Schwiegermutter lud damals selbst ihre Friseurin, deren Mann und ihre zwei Kinder ein. Dann haben Sie ein Fest, wo Sie keinen Bezug zu den Gästen haben, die Gäste sich nicht für Sie und Sie sich nicht für die Gäste interessieren. Menschen prosten Ihnen zu, die Sie nie wiedersehen werden. Das braucht doch niemand«, schreibt eine Nutzerin.

Nur mit Grauen erinnert sich auch Annemarie an ihre eigene Hochzeit – und setzt dagegen die unkomplizierte Hochzeitsparty, die sie später mit ihrem zweiten Mann gefeiert hat. Selbst bezahlt, selbst ausgesucht, ein kleiner Kreis. Annemarie würde dem Handel Geld gegen Gästeliste nie wieder zustimmen. »Man kann auch mit kleinem Budget schön feiern«, sagt sie.

Aber ist es wirklich das, was hier zur Debatte steht: Wie viel Mitspracherecht können Eltern geltend machen, wenn sie ihren erwachsenen Kindern einen Lebens- (oder Hochzeits-) Standard ermöglichen, der über deren eigenen Budget liegt? Hier wird die Antwort schon deutlich schwieriger. In einem Komitee kann man vielleicht regeln, wer wo sitzen darf in der Hochzeitsgesellschaft. Aber wenn es darum geht, dass Eltern für finanzielle Unterstützung den Abschluss eines Studiums erwarten oder für den Mietzuschuss ausführliche Gastfreundschaft, dann sieht die Sache schon anders aus. Markus weist Jennifer darauf hin; auch er habe den »Krach seines Lebens« mit den Eltern riskiert, wegen der Einladungen zu seiner Hochzeit. Doch er bleibt hart »gegen diese unverschämte Grenzüberschreitung« – und meint, dass mit solchen Fragen auch die künftige Beziehung geklärt wird: »Hochzeiten sind auch immer eine Abnabelung von den Eltern und das ist für beide Seiten schwer. Je konsequenter man als Kind jedoch ist, umso mehr Respekt erhält man am Ende von den Eltern und den Verwandten.«

Muss man immer ehrlich sein?

In vielen Fällen stellt sich heraus: Ehrlichkeit ist nicht immer ethisch geboten. Die britische Kolumnistin Lucy Kellaway hat im Frühjahr geschrieben, sie hoffe ihre 17-jährige Tochter so erzogen zu haben, dass sie wisse, wann man besser schwindeln solle als schonungslos offen zu sein. Die kleinen Lügen, sind sie wirklich erlaubt, wenn man sich darum bemüht, ein anständiges Leben zu führen? Kellaway findet nicht nur, dass das erlaubt ist. Sie verteidigt die Schwindelei als Kitt, der Beziehungen, Arbeitskollegien und vielleicht sogar die Gesellschaft zusammenhalte. Wenn man sich auch dann die nackte Wahrheit ins Gesicht schleudere, wenn es eigentlich nicht nötig wäre, wenn es dem anderen große und überflüssige Schmerzen zufügen würde, muss man dann die Wahrheit sagen?

Hans-Georg hat ein echtes Problem. Sein bester Freund will die falsche Frau heiraten. Auch wenn Freunde oft nicht ganz glücklich mit der Partnerwahl ihrer besten Freunde sind, ist Hans-Georg wirklich besorgt und nicht nur ein wenig irritiert. Sein Freund ist 42, die Frau fürs Leben 22. Hans-Georg ist sicher, dass Torschlusspanik im Spiel ist und hat seinen Kumpel schon mehrfach ernsthaft darauf hingewiesen, dass es vielleicht besser sei, erst einmal für einige Zeit zusammenzuleben, bevor man sich endgültig entscheidet. Vergebens. Und, schlimmer noch: Nun soll er auch noch Trauzeuge werden. Er soll Pate einer Ehe werden, die er für falsch hält.

Der Journalist und Buchautor Hajo Schumacher denkt in diesem Zusammenhang über Ehrlichkeit als Prinzip nach. Er sagt: »Zu den vornehmsten Aufgaben eines Freundes gehört die Ehrlichkeit: Ein echter Freund kann einer Ehe, von der er nicht so recht überzeugt ist, alles Gute wünschen, aber er muss nicht Trauzeuge werden.« Schumacher weiß selbst, dass dieser Rat nicht weit reicht. Der Freund wusste schließlich, dass Hans-Georg die Ehe für falsch hält und er hat ihn trotzdem um diesen Freundschaftsdienst gebeten. Ehrlich war Hans-Georg schon, muss er jetzt den Bruch riskieren? Nein, sagt Schumacher. Denn wichtiger noch als die Ehrlichkeit darüber, was er von der Beziehung der beiden halte, sei die Freundschaft, findet er. »Als oberstes moralisches Gebot gilt: Für keine Ehe der Welt setzt man eine Männerfreundschaft aufs Spiel.«

Also muss Hans-Georg seine ehrlichen Bedenken wohl oder übel beiseiteschieben und ein bisschen schwindeln. – Er wird Trauzeuge werden und ein Freund bleiben. Ehrlich ist das sicher nicht. Aber es ist möglicherweise einer der Kompromisse, die man macht, wenn man seine Freunde behalten will.

Nicht nur Freunde machen Zugeständnisse in Sachen Ehrlichkeit. Auch die Partner tun es. Vor allem dann, wenn von vornherein klar ist, dass sie unterschiedlich aufgewachsen sind, unterschiedliche Wertvorstellungen und Orientierungen haben. Am deutlichsten wird das, wenn der eine bekennendes Mitglied einer Kirche ist, der andere dagegen nicht. Wie weit muss man dann gehen? Von der TV-Moderatorin Bärbel Schäfer ist bekannt, dass sie vor ihrer Hochzeit mit dem Publizisten Michel Friedman den jüdischen Glauben angenommen hat. In Ehen, die mit einem muslimischen Partner geschlossen werden, steht die

Frage nach der künftigen Konfession – und nach der Konfession der Kinder – ebenfalls als ein wichtiges Thema vor der Eheschließung im Raum. Etwas anderes ist es meist bei den christlichen Konfessionen. Hier fühlt man sich inzwischen so ähnlich, dass man das kaum noch als Problem empfindet. Es sei denn, einer der Partner ist bekennender Christ, der andere dagegen Atheist.

Gegen eine kirchliche Hochzeit in Weiß, in einer hübschen Kapelle hat kaum jemand grundsätzlich etwas einzuwenden. Aber wie sieht es aus, wenn dem einen sein Glaube so wichtig ist, dass der oder die andere nur ihm zuliebe in die Kirche eintreten will? Kann man das moralisch vertreten? Nein, sagt der Theologe Joachim Hake, Direktor der Katholischen Akademie in Berlin: »Häufig erweist sich ein Gefallen als Bärendienst, und der sollte unter Menschen, die sich lieben, vermieden werden. Konversion als Gefallen? Das tut man nicht und sollte es um Himmels willen nicht tun!« Eine katholische Trauung gibt es heute auch, wenn einer der Partner Atheist ist. Doch ein Übertritt zum Glauben des anderen ist, wenn man die Sache ernst nimmt, gefährlich, warnt Hake: »Wenn schon die Konversion aus innerer Überzeugung oder Berufung ein schwieriger Weg ist, so gilt für die Konversion aus Zwang oder Gefallen, dass voraussichtlich nur Übel aus ihr folgen können.« Wer nur »mal eben so« oder nur weil der andere sich darüber freuen würde, einer Kirche beitritt, macht einen Fehler, sagt Hake. Früher habe ein Übertritt zum anderen Glauben »in vielen Fällen nicht nur die eheliche Liebe und Zuwendung auf Dauer vergiftet und belastet, sondern auch die ehrlichen Überzeugungen in Glaubens- oder Unglaubensfragen beschädigt und korrumpiert.« Im Kern gelte das auch heute noch, auch wenn die Einstellung zu Glauben oder Nichtglauben viel laxer geworden ist. »Nun ist der Gefallen kein Zwang, aber doch sein postmoderner Zwillingsbruder, der in Religions- wie in Liebesdingen zur giftigen Gefälligkeit verzwergt und nur verheerende Folgen zeitigen kann.«

III. Ein Kind – Und dann?

Ein Kind zu erwarten, ist für viele Menschen ein großes Glück. Häufig erwarten sie aber nicht nur ein Kind, sondern mehr: Erfüllung, Zufriedenheit und engeren Zusammenhalt in der Partnerschaft. Immer noch ist die Mehrheit der jungen Deutschen sicher, dass sie später gerne Kinder haben wollen. Dafür geben sie viel auf, wenn es so weit ist. Denn das, was früher für die Gründung einer Familie galt, stimmt ja schon lange nicht mehr. Früher waren Kinder zum Beispiel auch eine Versicherung gegen Altersarmut. Wer Kinder hatte, konnte einigermaßen zuversichtlich sein, im Alter versorgt zu werden. Seitdem es die gesetzliche Renten- und Pflegeversicherung gibt, braucht man keine Kinder mehr, um sich gegen Armut im Alter zu versichern. Natürlich müssen Kinder auch schon lange nicht mehr arbeiten, um zum Familieneinkommen beizutragen. Auch das war im 19. Jahrhundert noch ein Grund, viele Kinder zu bekommen. – Und natürlich die viel schwierigere Familienplanung ohne die Anti-Babypille. Die Verhütungsmethoden heutzutage sind zahlreich und sicher und wirtschaftliche Gründe für ein Kind gibt es kaum noch. Eher im Gegenteil: Junge Eltern verzichten auf Wohlstand, auf Freiheit und oft auch auf Karriere. Um dennoch einen Grund für Kinder zu haben, werden inzwischen andere Werte mit ihnen verknüpft: Eltern erhoffen sich durch Kinder einen Zuwachs an persönlichem Glück.

Wäre das eine Rechnung, so würde sie allerdings nicht aufgehen. Kinder, so haben Familienforscher herausgefunden, machen den Menschen nicht glücklich, nur weil sie da sind. Zufriedene Menschen werden nicht unglücklicher, wenn sie Kinder bekommen. Unzufriedene werden nicht glücklich, nur weil sie Kinder haben. Im Gegenteil: Das erste Kind hebt das Lebensgefühl zwar für eine Weile. Doch beim zweiten wird es schon schwieriger. Jetzt wird aus einem Paar mit einem Kind eine Familie mit zwei Kindern und damit haben viele Eltern am Anfang Probleme. Das Familienglück leidet unter dem Stress und unter dem Gefühl, niemandem mehr voll und ganz gerecht zu werden. Den Kindern nicht, dem Partner nicht und dem Beruf auch nicht. Das trübt gelegentlich den Blick auf das im Großen und Ganzen schöne Familienleben, die Stimmung sinkt. Erstaunlich ist, was man beim genaueren Blick auf das Glücksempfinden von Familien mit Kindern entdeckt: Frauen sind am wenigsten gestresst, wenn sie Hausarbeit und Kinder übernehmen, aber nicht noch zusätzlich einer anstrengenden Arbeit nachgehen. Männer dagegen sind am zufriedensten, wenn sie das Geld nach Hause bringen, lange im Büro sind und zu Hause trotzdem dann und wann helfen und in das Familienleben eingebunden sind. Den härtesten Job haben natürlich alleinerziehende Mütter, die auch noch in ihrem Beruf arbeiten: Sie stehen unter dem größten Druck und haben die längsten Arbeitszeiten, wenn man Erwerbsarbeit, Hausarbeit und Kindererziehung zusammennimmt.

Ist das Glück im Leben also mit der Frage verknüpft, ob man Kinder hat oder nicht? Viele junge Deutsche geben darauf ihre eigene Antwort. Sie verzichten auf das Familienglück oder zumindest darauf, nach dem ersten Kind noch weitere Kinder zu bekommen. Eine Familie zu gründen, ist längst nicht für alle der Inbegriff eines zufriedenen Lebens. Wenn man sich aber für eine Familie entscheidet, dann soll sie gut sein. Die Kinder sollen begabt und beliebt sein, der Partner soll liebevoll bei der Erziehungsarbeit mithelfen, der Arbeitsplatz sicher und der Kombi möglichst neu sein. Die Idealvorstellungen von bürgerlichen Familiengründern sehen einen Jungen und ein Mädchen vor und Ferien am Meer. Was aber, wenn das so nicht klappt? Manchmal ist der Arbeitsplatz nicht sicher, manchmal erfüllen sich die materiellen Wünsche einer Familie nicht. Und manchmal sind die Kinder nicht so, wie man sie sich gewünscht hat. Darum geht es auch in der nächsten Frage. Wir haben den Philosophen Martin Sass um eine Antwort gebeten.

? »Meine beste Freundin hat eine Tochter, die geistig behindert ist. Sie ist jetzt vier Jahre alt, und braucht viel Betreuung und Aufmerksamkeit. Meine Freundin ist wieder schwanger, aber noch ein behindertes Kind, das schaffen sie und ihr Mann nicht. Die Ärzte können nicht sagen, ob das Kind ohne Behinderung sein wird. Ich kenne ein Paar, das sich in einem ähnlichen Fall zum Abbruch entschlossen und es danach noch mal probiert hat. Ich würde ihr gern helfen – kann ich ihr raten, es auch so zu machen?«

! Hans-Martin Sass:
»Sie sprechen eine Frage an, die in ihrem Kern jahrhundertealt ist und auf die Philosophen, Theologen, Juristen, Vorgesetzte, Ehemänner, Familienoberhäup-

ter immer wieder Antworten vorgeschlagen oder durchgesetzt und erzwungen haben. Ich denke, Ihre Freundin sollte es sich nicht leicht machen mit einer Entscheidung. Sie sollte viele Meinungen einholen – nicht als besserwisserische Ratschläge, sondern als unterschiedliche Informationen zu einem ethisch und existenziell (nicht unbedingt juristisch) offenen Thema. Und sie sollte auf Sie oder andere Freunde dabei mehr hören als auf Priester oder Juristen oder Ärzte oder Bioethiker. Sie wird letztlich allein die Verantwortung für die Entscheidung tragen, tragen müssen, tragen dürfen. Die Entscheidung wird auch davon abhängen, wie belastbar sich Ihre Freundin fühlt, wie überlastet sie schon jetzt eventuell ist mit ihrem behinderten Kind. Mein Rat, den ich auch anderweit vertreten habe, wäre, eine Entscheidung aber bald zu treffen und sich nicht allzu lange zu quälen, weil ja auch das werdende Leben wächst. Wir wissen, dass vor dem 70. Tage der Schwangerschaft ein funktionierendes Hirnleben nicht existiert. Das Hirn wächst nur, Zellen spalten sich immer wieder, sie können deshalb keine Erinnerungen oder Informationen speichern, wohl auch keinen Schmerz. Eine klassische jüdische Position sieht daher den Fetus (sogar bis zur Geburt) als unselbstständigen Teil des weiblichen Körpers an, den sie wie eine Mikrobe abspalten, abtreiben kann.

Ich würde das ethische Problem der Abtreibung mit zunehmendem Alter des Fetus als ethisch jeweils problematischer ansehen. Und hier müsste Ihre Freundin dann den Schutz und die Akzeptanz des in ihr wachsenden Lebens abwägen gegen ihre Verantwortung gegenüber dem viel Zuwendung verlangenden, schon geborenen Kind oder einem anderen, noch zu zeugenden und/oder ihrer eigenen Belastbarkeit.

Wir machen alle Fehler und bereuen diese später, aber dies ist auch der Fall, in dem nur einer (eine) die Verantwortung haben darf und haben soll: die Schwangere. Und je näher jemand ihr steht, umso wichtiger wird der Rat für sie sein – der Rat von Philosophen oder Theologen sollte weit dahinter anstehen. Wenn es allerdings um den ›Rat‹ (besser ›Drohung‹) des Staatsanwalts geht, ist das eine andere Sache. Aber auch über dem Staatsanwalt steht in solchen höchstpersönlichen Verantwortungen das eigene Gewissen (vor Gott und/oder nur vor sich selbst). Sorry, dass der Philosoph nicht mehr weiß, hierzu zu sagen, – und sich auch verpflichtet fühlt, nicht mehr zu sagen oder gar als Moralapostel, ohne irgendwie existenziell betroffen zu sein, aufzutreten. Also, ich sollte nicht »sorry« sagen, denn die Entscheidung kann Ihrer Freundin niemand abnehmen, auch nicht ihr Ehemann oder Sie oder sonst jemand: so is life, so is responsibility, so is ethics.«

Tut man das jetzt also oder auf keinen Fall? Der Medizinethiker und Philosoph Hans-Martin Sass verweigert den Rat – und gibt ihn dennoch. Hier geht es nicht mehr darum, ob »man« etwas tut. Hier geht es um persönliche Verantwortung, um eine Lebensentscheidung. Mit der Alltagsethik kommt man hier nicht mehr weiter. Sass, Philosophie-Professor an der Ruhruniversität Bochum und am Kennedy Institute of Ethics an der Georgetown University in Washington, hat 1985 das Zentrum für medizinische Ethik in Bochum gegründet und gilt als einer der Begründer der Bioethik in Deutschland. In den vergangenen Jahren hat er sich verstärkt wissenschaftlich mit dem Problem unterschiedlicher ethischer Maßstäbe in verschiedenen Gesellschaften auseinandergesetzt. Sass vertritt die Ansicht, dass aufgeklärte und informierte Bürger in der Regel bessere Ratgeber in ethischen Fragen sind als der Gesetzgeber, der seine Normen vorschreibt und sanktioniert. Darauf verweist er auch hier. Den Rat darf die Schwangere sich holen, sie soll ihn sogar von ihrem Umfeld erbitten. Doch entscheiden muss sie allein. Entscheidet sie sich für das Kind, wird sie sich auch um es kümmern müssen, wenn es – wie die große Schwester – behindert zur Welt kommt.

Entscheidet sie sich gegen das Kind, wird sie auch hier allein die Konsequenzen tragen müssen. Sie wird sich mit der Frage plagen, ob das Kind tatsächlich krank zur Welt gekommen wäre. Sie wird sich mit dem Recht des Embryos auf Leben auseinandersetzen. Sie wird sich fragen, ob sie das Recht hatte, das Leben ihres Kindes zu beenden, bevor es geboren wurde. Doch muss das eine Hypothek sein, die ihr weiteres Leben belasten wird? Es gibt Frauen, die abgetrieben haben, und mit dieser Entscheidung am Ende nicht fertig geworden sind. Hans-Martin Sass hat für sie eine Botschaft: »Wir machen alle Fehler.« Warum sollte das, was wir in unserem Alltagsleben, in unseren beruflichen und privaten Entscheidungen als selbstverständlich akzeptieren, nicht auch bei unseren ethischen und moralischen Dilemmata zutreffen? Wir machen Fehler, wir bereuen sie, so ist unser Leben. Nur, dass es hier eben keine Möglichkeit gibt, einen Fehler – wenn die Entscheidung später einmal als solcher empfunden wird – wieder gutzumachen. Entscheidet sich die Freundin dafür, die Schwangerschaft abzubrechen, wird dieses Kind nie leben; und selbst eine neue Schwangerschaft wird dieses eine Kind nicht leben lassen. Entscheidet sie sich für das Kind, wird sie eventuell unter der Überforderung leiden, zwei behinderte Kinder betreuen zu müssen. Eine Entscheidung muss getroffen werden – und sie kann nur Ja oder Nein heißen.

Und sie muss schnell getroffen werden. Denn mit jedem Tag, den das Kind im Bauch der Mutter wächst, entwickelt es sich weiter. Nach dem 70. Tag, so argumentiert Sass, beginnen die Bewusstseinsbildung, das Schmerzempfinden, das Erinnerungsvermögen. Nicht nur die Mutter gewinnt nichts, wenn sie mit der Entscheidung wartet; auch das moralische Dilemma wird noch schwieriger.

Hier soll nicht die Grundsatzfrage erörtert werden – wann beginnt das menschliche Leben und gibt es überhaupt ein Recht, es zu beenden – sondern das Dilemma der Freundin, der Mutter. Sass ermutigt die Freundin, ihren Rat zu geben, der Schwangeren auch in der Situation eine echte Freundin zu sein. Sie kann nur aus ihrem eigenen Gewissen heraus handeln und raten. Gesellschaftliche Konventionen dafür gibt es zwar, doch sie gelten hier nicht, sagt Sass. Er argumentiert auch unabhängig von der Rechtslage, wenngleich diese hierzulande sehr eindeutig ist. Eine Abtreibung ist in Deutschland grundsätzlich strafbar, wird aber bis zur 12. Schwangerschaftswoche nicht als Straftat verfolgt. Nach dem dritten Schwangerschaftsmonat sind Abtreibungen verboten. Es sei denn, ein Arzt attestiert medizinische Gründe für einen späteren Abbruch. Darauf weist Eva-Maria Welskopp-Deffaa hin, die Frage und Antwort auf »Das tut man nicht« kommentiert. Die Katholikin und Spitzenbeamtin im Bundesfamilienministerium unterstreicht die Bedeutung des professionellen Rats in solchen Situationen. Nach der Eröffnung eines solch niederschmetternden Verdachts für die Gesundheit des ungeborenen Kindes, geraten die meisten Eltern in eine emotionale Ausnahmesituation, mit der sie nicht alleingelassen werden sollten. Allein auf den Rat von Freunden zu vertrauen, werde dem tiefen Konflikt nicht gerecht, sagt Welskopp-Deffaa. Deshalb sind die Ärzte verpflichtet, der Frau eine gründliche Beratung zu geben, und zwar sowohl in medizinischer als auch in psychosozialer Hinsicht. Nach deutschem Recht ist eine Abtreibung wegen einer möglichen Behinderung des Kindes nicht möglich, wenn die Schwangerschaft schon länger als drei Monate besteht. Das geht nur, wenn eine medizinische Indikation gestellt wird, wenn also die Schwangerschaft aus medizinischen Gründen abgebrochen werden soll. Auch die mögliche Überlastung und Überforderung der Eltern nach einer Geburt kann eine solche Begründung sein. Drei Tage müssen die werdenden Eltern laut Gesetzgeber mindestens Zeit haben, um eine Entscheidung zu finden.

An Rat wird es den Eltern also nicht mangeln, wenn sie ihn suchen. Ob er ihnen in ihrem Dilemma wirklich helfen wird, weiß niemand. Und ob die getroffene Entscheidung die richtige ist, werden sie, wenn überhaupt jemals, erst spät wissen. Gerade in einer solchen Situation – die Eltern wünschen sich ein Kind, die medizinische Diagnose ist nicht eindeutig – werden die Grenzen des Rechtsstaates überdeutlich. Er kann nur definieren, was erlaubt ist und was verboten bleibt. Doch den Wunsch vieler Menschen, eine rechtlich und moralisch einwandfreie Entscheidung zu treffen, kann er nicht erfüllen. Erst recht hilft er ihnen nicht, mit den Entscheidungen, die einmal getroffen worden sind, zu leben.

IV. Erzieht Eure Kinder ordentlich – Und was, bitte, ist ordentlich?

Kaum ist das Kind auf der Welt, muss es schon erzogen werden. Jedes Kind bekommt Zähne, na klar. Aber dann? Kann jedes Kind schlafen lernen, beginnt es rechtzeitig zu laufen und zu sprechen? Was können, was sollen Eltern tun, um die Kinder in ihrer Entwicklung zu fördern, ohne sie zu überfordern?

Wenn es um Kindererziehung geht, hat jeder ein Gefühl dafür, was das Richtige und was das Falsche ist. Und jeder, der selbst Kinder hat, fragt sich, warum man dennoch so oft das Falsche tut. Viele Dinge im Umgang mit Kindern haben mit Ethik erst einmal nichts zu tun. Oft geht es »nur« um Konsequenz, eine klare Linie, Wertschätzung, Übersicht. Im täglichen Getümmel geht das aber schon mal verloren. Auch bei »Das tut man nicht« werden Erziehungsfragen diskutiert. Allerdings geht es weniger um praktische Tipps, wie man im Alltag mit den Kindern umgehen kann. Bei uns melden sich Eltern und Großeltern, die sich nicht mit der Lösung der kleinen Alltagsfragen begnügen wollen. Sie wollen auch die dahinterliegenden Konflikte beleuchtet sehen. Zum Beispiel, wenn man sich fragt, was eigentlich los ist, wenn Vater und Mutter unterschiedliche Auffassungen darüber haben, wie streng ihre Kinder erzogen werden sollen. Oder, wenn sich die Kinder ausgerechnet die falschen Spielkameraden als beste Freunde aussuchen. Eltern, Sozialexperten, Erziehungsberater haben darauf Antworten gefunden. Manche sind vorläufig, manche sehr bestimmt. Viele haben Widerspruch bei den Betroffenen ausgelöst – vielleicht ein Hinweis darauf, dass in der Kindererziehung schon viel ins Rutschen geraten ist, was in der allgemeinen Erziehungsliteratur immer noch als in Stein gemeißelt gilt.

Zum Beispiel die Frage nach den Spielkameraden. Erziehungswissenschaftliche Studien weisen neuerdings immer wieder darauf hin, dass Kinder und Jugendliche eben nicht nur von Elternhaus und Schule erzogen werden. Wichtiger als alles andere sind ab einem bestimmten Alter die Freunde. Je älter die Kinder werden, desto stärker bestimmt die »Peer Group«, also diejenigen, an denen Kinder und Jugendliche sich messen, die Werte und Verhaltensweisen des Nachwuchses. Viele Eltern wissen das und achten von der frühesten Kindheit an darauf, dass ihre Kinder die »richtigen Freunde« haben. Das sind Kinder, die die eigenen Kinder in ihren Stärken sicherer machen und deren Eltern ähnliche Grundvorstellungen von Erziehung haben. Es sind Kinder, die »passen«. Gut gebildete, bürgerliche Eltern sind heute deutlicher als früher auf der Suche nach diesen passenden Umgebungen. Sie wählen den richtigen Kindergarten, die richtige Schule, den richtigen Sportverein aus und sorgen dafür, dass die richtigen Kinder zum Spielen kommen. Für die eigenen Kinder hat das oft den erwünschten Effekt. Sie bewegen sich unter ihresgleichen, messen sich an ähnlichen Kindern. Für die Kinder, deren Eltern weniger gut gebildet und weniger wohlhabend sind, gilt das allerdings auch: Stärker denn je grenzen sich die sozialen Milieus gegeneinander ab, schwieriger als früher fällt der soziale Aufstieg in eine andere gesellschaftliche Gruppe. Es sind die besorgten Eltern, die oft unbewusst aber umso zielsicherer, den Grundstein für diese Abgrenzung legen. Das Motiv ist klar: Warum soll ausgerechnet mein Kind als Übungsobjekt für Problemkinder herhalten? Warum soll meine Familie gesellschaftliche Fehlentwicklungen heilen? Die Sorge dahinter ist ebenfalls nachvollziehbar: Ist mein Kind stabil genug, um möglicherweise schädlichen Einflüssen zu widerstehen? Genau diese Fragen stellt sich auch eine Nutzerin unserer Homepage. Wir haben den Soziologen Paul Nolte gebeten, ihre Frage zu beantworten.

»Mein zwölfjähriger Sohn hat sich mit einem Jungen aus seiner Klasse angefreundet, der aus einer sozial schwachen Familie stammt. Von meinem Sohn weiß ich, dass beide Eltern arbeitslos sind und den größten Teil des Tages vor dem Fernseher verbringen. Das Kind ist sich selbst überlassen. Darf ich meinem Sohn ausreden, seinen neuen Freund zu besuchen, da ich ihn von schlechten Vorbildern fernhalten möchte?«

Paul Nolte:
»Nein, das tut man nicht. Ihre Sorgen um die Entwicklung und den angemessenen ›Umgang‹ Ihres Sohnes in allen Ehren – ein Teil Ihrer Sorge gilt gewiss eher sich selber, und Ihrem zwölfjährigen Sohn wird diese Beziehung, auch wenn sie ein paar Extra-Stunden vor dem Fernseher einschließen sollte, nicht nachhaltig schaden. Die Chance aber, dem Freund ihres Sohnes durch diese Beziehung zu Ihrer Familie etwas Gutes zu tun, sollten Sie sich nicht entgehen lassen (ohne sich dabei sozialpädagogisch aufzuplus-

tern). Um es offen zu gestehen: Ich würde mein zweijähriges Kind nicht in eine solche Familie zur regelmäßigen Tagesbetreuung geben. Aber hier liegen die Dinge anders. Ein Zwölfjähriger ist schon sehr gefestigt in seinen Werten und Verhaltensweisen; eine Tüte Chips zu viel bringt ihn nicht auf eine kriminelle Karriere. Warum nicht danach fragen, ob der Freund auch zu Ihnen ins Haus kommt, zum Abendessen bleibt: Dann gewinnen Sie einen Eindruck von ihm, und der Freund lernt vielleicht etwas kennen, was ihm gefällt und was er wiederum nach Hause trägt. Und umgekehrt: Mit zwölf Jahren ist Ihr Sohn noch jung genug, dass Sie ihn mal unauffällig bei der anderen Familie abliefern oder wieder abholen. Warten Sie nicht draußen im Wagen, sondern klingeln Sie, begrüßen Sie die Eltern, bitten Sie beiläufig darum, den Fernseher leiser zu stellen, solange Sie sich unterhalten. Wenn wir dazu beitragen, solche sozialen Barrieren in die nächste Generation hinein zu verstärken, leben wir in 20 Jahren in einer Gesellschaft, deren getrennte Lebenswelten an heutige Schwellenländer erinnern. Leider ist das Szenario dieser Frage schon jetzt unwahrscheinlich genug. Denn Kinder verfügen über einen siebten Sinn für die ›feinen Unterschiede‹. Sie müssen sich das ›Spiel nicht mit den Schmuddelkindern‹ meist gar nicht erst von den Eltern sagen lassen.«

Der Historiker und Gesellschaftswissenschaftler Paul Nolte, der diese klare Auskunft erteilt, beschäftigt sich seit Jahren mit dem Zustand der deutschen Gesellschaft. Er hat den Begriff »Unterschichtenfernsehen« für die TV-Sender erfunden, die von morgens bis abends Unterhaltungssendungen und Reality Shows senden, aber niemals seriöse Nachrichten, Hintergrundberichte, differenzierte Überlegungen. Nolte hat analysiert, wie bildungsferne Familien von der gesellschaftlichen Realität wegdriften, sich nicht einmal mehr dann einmischen könnten, wenn sie es wollten.

Seine Botschaft an das Bürgertum lautet: Wir sind selbst dafür verantwortlich, wie sich unsere Gesellschaft entwickelt. Das, was wir heute tun, entscheidet mit darüber, wie wir in 20 Jahren leben werden. Wenn wir unseren eigenen Kindern verbieten, mit unpassenden Freunden zu spielen, tragen wir dazu bei, dass sich die Gesellschaft weiter abschottet und die sozialen Übergänge dadurch noch schwieriger macht. Nolte sagt, dass die eigenen Kinder in der Regel keinen Schaden nehmen, wenn sie sich mit Kindern anfreunden, die aus schwierigen Verhältnissen kommen. Für die anderen aber ist die Chance umso größer, in der bürgerlichen Familie etwas fürs Leben mitzubekommen. Etwas, was ihnen vielleicht irgendwann dabei hilft, die sozialen Barrieren zu überwinden.

Die Soziologie beschäftigt sich seit geraumer Zeit mit einem Phänomen, das noch niemand so richtig erklären kann. Es heißt Resilienz, Widerstandsfähigkeit. Soziologen fragen sich, warum von 100 Kindern, die aus sozial schwer benachteiligten Familien stammen, ein paar den Aufstieg schaffen. Warum konnte sich zum Beispiel Gerhard Schröder aus den prekären Verhältnissen befreien, in denen er aufwuchs, sein Bruder Lothar aber nicht? Die Wissenschaftler interessieren sich deshalb für diese Kinder, weil sie nach Merkmalen suchen, die diese Kinder von denen unterscheiden, die ihre Lebensumstände als unabänderlich hinnehmen. Experten glauben mittlerweile herausgefunden zu haben, dass es das Talent dieser Kinder ist, Verbündete zu finden, die sie fördern und anspornen: Kindergärtnerinnen, Nachbarn, Freunde und deren Eltern, Lehrer. Wenn es tatsächlich so ist, dass die Widerstandsfähigkeit von Kindern aus schwierigen Verhältnissen wächst, wenn sie Freunde und Verbündete in anderen Schichten finden, ist das vielleicht noch ein Grund mehr, das eigene Kind eher zu ermutigen als zu bremsen, wenn es mit »Schmuddelkindern« spielen will.

Kein Mensch kann so schnell reagieren, wie Lena zuschlägt

Anders sieht es hingegen aus, wenn das andere Kind das eigene terrorisiert. Andrea fürchtet sich regelrecht vor dem Sommer. Dann spielen die Kinder draußen und sie kann ihre vierjährige Tochter Lara kaum vor der aggressiven Lena beschützen. Lena hat sich ihre Tochter zur Beute gemacht. Wenn Lena draußen spielt, darf Lara ihre anderen Freunde nicht sehen. Widersetzt sie sich, setzt es was. »Kein Mensch kann so schnell reagieren, wie Lena zuschlägt«, klagt Andrea. Alle Versuche, mit Lenas Mutter zu sprechen, sind gescheitert. Alle Bemühungen, Lara ihre Freundin auszureden, ebenfalls. Hilflos muss Andrea mit ansehen, wie Lena ihr Regiment ausdehnt. Sie wird schon nervös und angespannt, wenn das Mädchen nur in Sichtweite ist. Sie fragt sich, ob sie die Notbremse ziehen darf: Kann sie ihrer Tochter den Umgang verbieten?

Die Autorin Gerlinde Unverzagt kennt in dieser Frage keinen Kompromiss. Sie sagt: Als Mutter hat man zuallererst und vor allen anderen Überlegungen die Pflicht, das eigene Kind zu schützen. Das eigene Kind zu schützen, das heißt für Andrea: »Erklären Sie Ihrer Tochter fest, freundlich und unbeugsam, dass Sie nicht dulden werden, dass jemand sie verletzt. Und solange das vorkommt, der Kontakt verboten ist. Machen Sie ihr klar, dass die Regeln fürs gemeinsame Spielen nicht verhandelbar sind. Keiner darf dem anderen wehtun, nicht mit Gegenständen aufeinander losgehen, und wenn einer weint, ist Schluss. Damit eröffnen Sie für alle Beteiligten einen Strauß von Möglichkeiten, die Situation zu ändern. Lara hat die Chance, sich ohne Gesichtsverlust zu distanzieren – Mama hat verboten, dass wir zusammen spielen, weil du mir wehtust. Lena hat die Chance zu erkennen, wie man sich benehmen muss, wenn man gern Gesellschaft hat. Und Lenas Mutter kann, wenn sie die Spielfreundschaft erhalten möchte, auf ihre Tochter einwirken.«

Klare Grenzen, auch gegenüber den anderen Eltern. Natürlich ist jede Mutter die Anwältin des eigenen Kindes und vertritt dessen Interessen. Dass Lenas Mutter nicht besonders beeindruckt war von Andreas Gesprächsversuchen, ist in dem Zusammenhang verständlich. Wer akzeptiert schon gern, dass die Tochter aggressiv und bossy ist. Doch Unverzagt erinnert Andrea an ihren eigenen Standpunkt. Sie muss dafür sorgen, dass Lara unbesorgt und unverletzt groß wird – vor allem, weil das Kind sich selbst nicht schützen kann.

Klare Maßstäbe für Freundschaften werden noch wichtiger, wenn die Kinder älter werden. Wenn Mädchen ins Zickenalter kommen, kann die »Wer-mit-wem-gegen-wen«-Frage so übermächtig werden, dass sie nicht mehr gern zur Schule gehen. Sie fühlen sich gemobbt oder mobben selbst, fühlen sich verraten und verleumdet. Oft genug ist es mehr als ein Gefühl. »Es gibt in meiner Klasse ein Mädchen, das Freundschaften kaputtmacht«, klagt Jennifer. Ihre beste Freundin lasse sie ihretwegen stehen und behaupte, dass sie es sei, die über andere Mädchen lästere. Jennifer fragt: Darf man das, was die andere macht? Inge Kloepfers Antwort ist eindeutig. Nein, das darf man nicht. Wer Freundinnen entzweit, gegen andere intrigiert, Schwächere ausschließt und mobbt, handelt unethisch. Mädchen, die das tun, machen aus Freundschaftsangelegenheiten Machtfragen. Wenn sie damit Erfolg haben, verbreiten sie Angst und Schrecken. Das tut man nicht. Kloepfer rät Jennifer, Verbündete zu suchen und sofort den Klassenlehrer zu alarmieren. Nur wer Intrigantinnen ihre Grenzen zeigt, kann die eigene Integrität verteidigen. Jennifer hat am Ende das Klügste getan, was man in einer solchen Situation tun kann: Sie hat ihre Mutter ins Vertrauen gezogen, und die ist dann am nächsten Morgen zusammen mit der Lehrerin in die Klasse gegangen.

Dass Intrigantentum und Mobbing unter Kindern und Jugendlichen auch schwer nach hinten losgehen kann, zeigt die Geschichte von Katharine, die zuerst Täterin war und dann selbst zum Opfer wurde. Eines Tages bekamen alle Eltern der ersten Gymnasialklasse eine Alarm-Mail der Lehrerin. Sie sollten doch bitte einmal nachsehen, ob ihre Kinder sich in die rechte Ellenbogenbeuge eine Initiale geschrieben hätten: HK. Von 26 Kindern in der Klasse hatten sich 21 mit Kugelschreiber HK in die Armbeuge geschrieben. Die meisten Jungs und alle Mädchen, außer Katharine. HK stand, so fanden die bestürzten Eltern und die entsetzte Lehrerin heraus, für »Hass Katharine«. Katherines Eltern hatten die Lehrerin alarmiert. Ihre Tochter werde in der Schule ausgeschlossen und geschnitten. Nur nach und nach rückten die Kinder mit ihrer Version der Wahrheit heraus. Katherine hätte vom ersten Schultag in der neuen Schule die Kinder gegeneinander aufgebracht, Banden und Cliquen gegen andere gegründet. Sie habe Freundinnen entzweit und auch die Jungs mit ihren Intrigen nicht verschont. Die Klassenkameraden sagten, irgendwann hätten sie sich nicht mehr anders zu helfen gewusst. Zuerst taten sich die Opfer zusammen, dann die indirekt Betroffenen, schließlich wurde HK zum Zeichen derjenigen, die Katherine nicht mehr unter sich dulden wollten. Aus der Täterin war ein Opfer geworden, das mit aller Härte, die Kinder aufbringen können, gemobbt wurde. Die Kinder verpassten den Moment, an dem sie ihre neue Stärke noch hätten kontrollieren können. Vielleicht wollten sie es aber auch nicht.

Das ist kaum erstaunlich: Selbst Erwachsene, Arbeitskollegen oder Konkurrenten können sich oft kaum bremsen, wenn sie ihre Peiniger einmal in die Schranken gewiesen haben. Wie sollten es dann Kinder können? Klassenkonferenzen und Klassenversammlungen waren die Folge dieses Falls. Die Kinder lernten in den folgenden Wochen viel über anständiges Verhalten, über Mobbing, über Sündenböcke und über ehrliche Wege der Auseinandersetzung. Sie versprachen den Eltern und Lehrern, so etwas nie wieder zu tun. Katherine lernte das alles nicht mehr. Die Eltern nahmen das Mädchen von der Schule.

Noch verbreiteter und noch schwerer zu zähmen sind solche Zusammenrottungen in den sogenannten »Sozialen Netzwerken« im Internet. Erinnern Eltern sich vielleicht noch daran, dass sie sich früher nach der Schule an der Bushaltestelle oder auf dem »Plätzchen« im Viertel getroffen haben, um den Schultag und die Beziehungen zu den Klassenkameraden noch einmal gründlich zu besprechen, so findet das heute weitgehend in den Sozialen Netzwerken statt. Die Seiten »Lokalisten«, »SchülerVZ« oder »Facebook« neben sie oder an die Stelle der Bushaltestellen getreten. Natürlich gibt es – wie früher – einige Kinder, die nie zur Haltestelle dürfen. Doch das schützt sie nicht davor, Gegenstand der Erörterungen zu sein, die nachmittags am PC oder am iPad stattfinden.

Für Eltern ist es nahezu unmöglich, hier einzugreifen und auch einmal zu bremsen. Gibt es für das Mobbing in der Schule immer noch einen Adressaten oder eine Instanz, an die man sich wenden kann, gelingt einem das kaum noch, wenn es um das Internet geht. Wann wird es kritisch? Welche Rolle spielen die eigenen Kinder? Gibt es ein soziales Bewusstsein, das auch in den Netzwerken gültig bleibt? Eltern schlagen sich mit solchen Fragen herum, während ihre Kinder sich schon lange mit der Realität abgefunden haben. Ja, es gibt ein Bewusstsein, aber es ist ein anderes als das der Elterngeneration. Ja, sie leiden unter Gemeinheiten, aber Nein, die Eltern sollen sich bitte nicht einmischen. Und: Nein, Computer-Verbot ist kein Ausweg. Soziologen sagen, dass das Mobbing in den Schülernetzwerken deshalb so tückisch ist, weil man sich hier hinter anderen Identitäten verstecken kann. Muss man auf dem Schulhof oder an der Bushaltestelle fürchten, als Verursacher eines Gerüchts entdeckt und dann eventuell auch bestraft zu werden, fällt die Verschleierung im Internet viel leichter. Das verändert den Ton, verschiebt die Hemmschwellen und macht es ein bisschen einfacher, sich über die moralischen Überlegungen hinwegzusetzen, die man vielleicht anstellen würde, wenn man von Angesicht zu Angesicht kommuniziert. Man muss sich nur einmal die Kommentare von Erwachsenen auf großen Nachrichtenportalen ansehen, um zu erkennen, wie Anonymität und die Möglichkeit, reflexartig zu reagieren, die Qualität von Kommentaren und Überlegungen verändern können. Erst recht gilt das für Kinder und Jugendliche.

Jennifer etwa hat uns noch mehrfach geschrieben, auch nachdem ihre Frage beantwortet war. Manchmal fragte sie, wie sie abnehmen könne. Dann bat sie um Sexualberatung. Wir waren (und sind) nicht sicher, ob Jennifer echt ist, ob ihre Fragen tatsächlich ernst gemeint sind. Doch wir haben uns entschlossen, sie ernst zu nehmen, ihr mit Adressen und Beratungsstellen zu helfen – ohne zu wissen, ob sich nicht nach jeder unserer Antworten irgendwo in Deutschland ein Erwachsener amüsiert. Andererseits waren wir manchmal bestürzt, wie wenig Hemmungen Jennifer hatte, sich uns, völlig Fremden, anzuvertrauen.

Eltern können ihre Kinder kaum schützen, und sie sollten vielleicht in vielen Punkten etwas gelassener an die Fragen rund um Computer, soziale Netzwerke und Privatsphäre herangehen. Kinder sollen mit ihren Freunden und Klassenkameraden kommunizieren, und sie müssen es auf den Wegen tun, die in ihrer Altersgruppe die angemessenen sind. Ihre Vorstellungen von dem, was andere Menschen über sie wissen dürfen, liegen meist meilenweit entfernt von dem, was Eltern über sich oder ihre Kinder preisgeben würden.

Aber ist das tatsächlich schlimm? Die Angst vieler Erwachsener, das Strandpartybild der nur halb bekleideten Tochter könnte Jahre später in den Bewerbungsunterlagen der frisch examinierten jungen Juristin auftauchen, ist ziemlich überzogen. Solche Fotos gibt es inzwischen von fast allen Jugendlichen und jungen Erwachsenen, die nach 1990 geboren wurden. Kaum jemand wird sich im Ernst dafür interessieren.

Wichtiger ist, dass Kinder lernen, sich selbst zu schützen. Dass sie begreifen, dass die Kommunikation in sozialen Netzwerken zwar um einige Hemmschwellen ärmer ist, aber genauso relevant. Sie müssen sich selbst anständig verhalten und dürfen unanständiges Verhalten anderer nicht tolerieren. Das betrifft nicht nur die Extremfälle. Das betrifft auch das tägliche Miteinander. Gerade weil Eltern hier meist außen vor sind, ist es besonders wichtig, dass Kinder und Jugendliche wissen, worauf es ankommt im Umgang mit anderen. Da unterscheidet sich die Offline- Welt kaum vom Online-Universum.

Wie finde ich die richtige Schule für meine Kinder?

Viele Eltern überlegen, wie man das Kind schon von vornherein schützen kann, wie man ihm bestimmte Konflikte und Auseinandersetzungen erspart. Zum Beispiel, indem man einen Kindergarten oder eine Schule auswählt, in der sich die Kinder wohlfühlen, gefördert werden und vielleicht auch vor Übergriffen der Altersgenossen sicher sind. Ein Ort, an dem so offen und vertrauensvoll miteinander umgegangen wird, dass solche Situationen gar nicht erst entstehen. Die richtige Schule finden – das ist für Eltern Hochleistungssport. Je größer das Angebot, desto komplizierter die Überlegungen und desto üppiger das Konfliktpotenzial für die Eltern selbst. Doch das ist längst noch nicht alles.

Joachim und Diana sind eigentlich ein harmonisches Paar. Beide wollten Kinder, beide haben sich in den ersten Jahren um die Erziehung gekümmert. Jetzt wird der Älteste sechs, er muss für die Schule angemeldet werden. Joachim und Diana streiten um die richtige Schule. Joachim argumentiert so, wie Paul Nolte es in der Frage der Schmuddelkinder auch getan hat. Vor Ort gibt es eine ordentliche öffentliche Schule, also soll das Kind auch dorthin. Diana sieht die Vorteile der Privatschule, die einen ausgezeichneten Ruf hat: Dort gehen die meisten Kinder aus wohlhabenden, behüteten und gebildeten Familien hin. Das Kind bekäme nicht nur den richtigen Start für eine erfolgreiche Schullaufbahn, es wüchse auch gleich in der richtigen Gesellschaft auf. Joachim stellt die Grundfrage aller ethischen Auseinandersetzungen: Wo kämen wir hin, wenn sich alle so verhielten? Dann würden die öffentlichen Schulen endgültig zu Restschulen, in die man seine Kinder beim besten Willen nicht mehr schicken wollen würde. Schulen in den Problemvierteln der deutschen Großstädte sind schon so weit: Wenn an einer Schule erst einmal 80 Prozent der Schüler aus Migrantenfamilien stammen und Sprachprobleme haben, dann will niemand mehr sein Kind dorthin schicken. Dasselbe gilt übrigens genauso für viele Schulen in den von Deutschen geprägten Problemkiezen, zum Beispiel in ostdeutschen Großstädten.

Der Ökonom Henrik Enderlein hat Probleme mit seinem Rat an die beiden: Er, Sozialdemokrat, Waldorfschüler, Elitestudent, Vater, will die öffentlichen Schulen einerseits schützen. Wie viele Kommentatoren dieser Frage argumentiert er, dass öffentliche Schulen nicht in erster Linie dadurch charakterisiert werden, dass sie öffentlich sind. Sie zeichnen sich durch die Lehrer aus, die sie haben, und durch die Schüler, die sie bekommen. In einer ordentlichen Wohngegend ist die Wahrscheinlichkeit hoch, dass auch die Schule ordentlich ist. Doch betont Enderlein, der heute an einer privaten Hochschule in Berlin lehrt, auch die Vorteile privater Schulen. Dort gebe es oft innovative pädagogische Ansätze. Außerdem hätte nur die Existenz der privaten Schulen dazu geführt, dass sich die öffentlichen Schulen bewegen. Enderlein findet es gut, dass es öffentliche und private Schulen gibt. Und lässt Joachim und Diana deshalb am Ende auch mit ihrer Entscheidung allein. Man kann sich auch für eine private Schule entscheiden, sagt er.

Joachim und Diana haben sich übrigens am Ende gar nicht entscheiden dürfen. Sie haben sich bei beiden Schulen beworben – und ausgerechnet von der öffentlichen Schule wegen zu vieler Anmeldungen einen Korb bekommen. Das hat dann beide geärgert. Joachim ist ärgerlich, weil er sich ja offensichtlich für die richtige Schule entschieden hätte. Der Andrang zeige doch, dass die öffentliche Schule auch die gute Schule sei. Doch Diana ist auch nicht richtig zufrieden. Sie hat zwar am Ende das bekommen, was sie wollte. Doch ihr Sohn wurde schließlich abgelehnt. Das kränkt sie. Auch wenn er jetzt in die Schule geht, die sie ursprünglich für die richtige hielt.

Darf man sich in die Erziehung anderer Kinder einmischen?

Es gibt die Kernfamilie, das heißt den engen Kreis derer, mit denen man sein Leben unmittelbar teilt, und es gibt die Familie, also alle Menschen, die außerdem noch zur

Verwandtschaft zählen. Schon in der Kernfamilie kracht es gelegentlich gewaltig, wenn es um Erziehung und Werte geht, um Regeln und Grenzen, um das, was man tut und das, was man lässt. Erst recht ist das im weiteren Kreis der Familie der Fall. Je seltener man sich sieht, desto mehr Zeit hat man, Unterschiede festzustellen, sie wichtig zu nehmen und daraus eine echte Wertefrage zu machen. Vor allem in der weiteren Familie wird deutlich, wie schnell und nachhaltig sich Werte von Generation zu Generation verändern können. Nicht nur das: Akademiker in der Familie pflegen, jedenfalls teilweise, andere Werte als die Nichtstudierten, die Stadtbewohner belächeln die Leute vom Land und umgekehrt, je nach Partner kommen unterschiedliche Auffassungen zu Glaube, Geld, Familiensinn und ähnliches dazu. Je größer die Familie, desto geringer ist normalerweise die Schnittmenge gemeinsamer Werte und Vorstellungen. Das muss kein Problem sein. Leben und leben lassen – nach dem Motto respektiert man in vielen Familien die Unterschiedlichkeit der anderen. Verbunden ist man schließlich durch die gemeinsame Abstammung.

Nicht ohne Grund aber sind es oft Familienfeste, gemeinsame Ausflüge oder Urlaube, bei denen diese Gelassenheit abhanden kommt. Hier wird die gemeinsame Vergangenheit gegenwärtig, auch die Vergangenheit, die man schon längst abgehakt hatte. Da werden erwachsene Frauen wieder zu den kleinen Schwestern, die sie einst waren, ungezogene Nichten erinnern vielleicht an eine in der Kindheit als Bevorzugung empfundene Behandlung der anderen Geschwister. Cousinen erinnern sich leidenschaftlich daran, wie ihre Familie beim Erbe über den Tisch gezogen wurde; genervte Onkel haben es satt, sich nun auch noch von den Kindern der Schwester auf der Nase herumtanzen zu lassen. Mittendrin die Alten, die bestürzt denken: »So haben wir uns das aber nicht vorgestellt, wir wollten doch nur endlich mal wieder alle beieinander sein.« Besonnene Charaktere lassen sich auch bei solchen Anlässen nicht aus der Reserve locken – und doch beschäftigt sie die Sache noch Wochen später. In der Familie bekommt man immer wieder die Rolle von früher zugewiesen – auch wenn man selbst glaubt, sich längst aus ihr herausentwickelt zu haben. So ging es auch Lisa, die einen gemeinsamen Familienurlaub erlebt hat, der so gar nicht ihren Erwartungen entsprach.

Monatelang hat sich Lisa auf das Familientreffen im gemeinsamen Urlaub gefreut. Ihre Schwester mit Mann und Kindern hatten sich mit ihr und ihrer Familie für gemeinsame Sommerferien verabredet. Und dann das: Die Gören unerzogen, der Schwager unverträglich, die Schwester gereizt. Zwischen den beiden Frauen brachen die alten Konflikte wieder auf, und auch Lisas eigener Mann würde diese Ferien nicht unbedingt unter der Rubrik »gelungener Urlaub« verbuchen. Ihm gingen die Nichten und Neffen so sehr auf die Nerven, dass er Lisa darum bat, ihnen endlich zu sagen, was geht und was nicht geht. Im Interesse der Kinder, wie er ihr versicherte: Es sei doch grauenhaft, wenn man damit leben müsse, anderen auf den Geist zu gehen.

Lisa hat den Mund gehalten. Sie hat die misslungenen Ferien ertragen, aus denen alle unglücklich und unerholt zurückgekommen sind. »Nie wieder«, hat sie sich geschworen – und sich dennoch gefragt, ob sie ihrer Schwester nicht den Hinweis schuldig ist, dass ihre Kinder nicht gerade erfreulich sind für Verwandte. Lisa fühlt sich weder wohl mit dem Gedanken, dass diese Ferien in einer Sprachlosigkeit zwischen beiden Familien enden. Noch will sie sich damit abfinden, dass etwas ungesagt bleibt: dass die Kinder der Schwester eine echte Zumutung für sie und ihre Familie waren.

Eine explosive Mischung. Lisa kann sicher sein, dass ihre Schwester den Urlaub genauso stressig fand wie sie selbst. Sie weiß auch, dass jede Bemerkung ihrerseits als Versuch einer Schuldzuweisung für das Misslingen der Ferien gewertet werden und dazu noch die alten Rollenmuster aufleben lassen würde: Lisa, die Große und Vernünftige, deren Kinder ordentlich und konsequent erzogen werden. Ihre kleine Schwester, die ihre Sachen noch nie in Ordnung hatte und deren Kinder jetzt frech und anstrengend sind. Schlimmer noch: Nachdem sich herausgestellt hat, dass die Lebens- und Erziehungsmodelle in der Familie offensichtlich nicht mehr kompatibel sind, würde Lisas Kritik diesen Graben zementieren, statt Auftakt eines versöhnlichen und fröhlichen Gesprächs zu sein.

Geschwister halten sich aus der Erziehung ihrer Nichten und Neffen tunlichst heraus. Diese Regel beherzigen alle klugen Tanten und Onkel. Wer das nicht schafft, sollte zumindest folgenden Rat beachten. Ingrid Biedenkopf, die Frau des ehemaligen sächsischen Ministerpräsidenten Kurt Biedenkopf und vielfache Großmutter, findet, dass Lisa in diesem Fall schon etwas sagen müsse. Schließlich gehe es um die Zukunft der Kinder. Als Tante dürfe Lisa nicht zulassen, dass da kleine unbeherrschte Ekel heranwachsen. Es komme in einem solchen Fall nicht darauf an, dass man etwas sage, sondern wie man es sage. »Vielleicht«, so überlegt Biedenkopf, »hat Ihre Schwester selbst ja auch schon lange ein ungutes Gefühl, weiß nur nicht, wie sie es anfangen soll.« Vielleicht braucht die Schwester ja nur einen Hinweis, und schon wird sie von sich aus sagen, wie unglücklich sie mit der Entwicklung ihrer Kinder ist.

Nun, ganz ehrlich, das ist ziemlich unwahrscheinlich. Es braucht schon viel Größe, nach einem Desaster-Urlaub dann auch noch die Kritik der eigenen Schwester an- und ernst zu nehmen. Wahrscheinlicher ist, dass unmittelbar nach dem Vorwurf die Replik folgt: »Glaubst Du denn, dass Deine Kinder für uns angenehmer sind?« – Damit ist dann die beste Voraussetzung dafür geschaffen, die nächsten Jahre nicht mehr miteinander zu reden.

Bevor Lisa zum Telefonhörer greift, sollte sie noch einmal in sich gehen. »Benutzen Sie nicht die Kinder als Vehikel für Botschaften zwischen Schwestern mit unterschiedlichen Weltanschauungen«, warnt der Journalist und Umweltaktivist Timm Krägenow auf eine ähnliche Frage. Hier wollte eine Schwester ihre Nichten und Neffen ganz groß – und ökologisch total unkorrekt – zum Truckrennen und zum Festessen bei McDonalds ausführen. Wohlwissend, dass ihre Schwester, die Mutter der Kinder, diese Art der Freizeitgestaltung vehement ablehnt. Augenzwinkernd fragt die Tante, ob sie das wohl machen dürfe, ohne vorher zu fragen. Krägenow erteilt eine klare Absage. »Seien Sie ehrlich zu sich selbst: Nehmen Sie die Kinder mit zum Hamburger-Essen und zum Monstertruck-Rennen, weil Sie Ihrer sehr ökologischen Schwester ein Zeichen geben oder Ihr eins auswischen wollen?« Wer über die Kinder die alten Verhältnisse klären will, wird Schiffbruch erleiden. Es sei denn, es geht von vornherein darum, einen klaren Schnitt zu machen zwischen der eigenen und der alten Familie. Dann gibt es vermutlich keinen besseren

Hebel als die Kinder. Allerdings: Ethisch ist das nicht zu vertreten. Denn hier werden die Kinder für die eigenen Zwecke instrumentalisiert.

»Stimmen Sie eine gemeinsame Linie mit Ihrer Schwester ab, dann wird nichts schiefgehen«, rät Krägenow. Und so wird es wohl auch in Lisas Fall sein. Ruft sie ihre Schwester an und teilt mit, dass die Kinder missraten sind, ist Schluss. Ruft sie sie aber an, um sich zu erkundigen, ob alle gut nach Hause gekommen sind, und sich im Alltag wieder gut eingelebt haben, ergibt sich eher ein Anknüpfungspunkt, um auch über den einen oder anderen Punkt zu sprechen, der ausschlaggebend für den schiefgegangenen Familienurlaub war.

Manchmal sind es die Kinder der anderen, manchmal deren Partner, manchmal sind es Eigenschaften der Eltern und Geschwister, die einen schon immer auf die Palme gebracht haben: Wer sich auf riskante Vorhaben wie gemeinsame Familienurlaube einlässt, tut das meistens, weil ihm an seiner Familie liegt und weil er diese Bindungen erhalten will. Doch kaum ist man zusammen, tritt dieses Motiv in den Hintergrund und macht den alten Genervtheiten Platz.

Klar, das kann einem auch mit guten Freunden passieren, die sich im gemeinsamen Urlaub als Nervensägen entpuppen. Doch bei denen hat man die Wahl: Man muss die Freundschaft ja nicht in derselben Intensität fortsetzen, wenn man festgestellt hat, dass man doch nicht so gut zueinander passt. Es fällt einem leichter, sich zwei Wochen zusammenzureißen, weil man sich danach wieder aus dem Weg gehen kann. In der Familie ist das anders. Hier kann man sich nicht beliebig zurückziehen, deshalb fällt es auch viel schwerer, die Unterschiede gelassen zu ertragen.

Genauso wenig, wie man die unterschwelligen Konflikte an den eigenen Kindern, den Nichten und Neffen ausleben darf, sollte man sie am Verhältnis zu den Eltern diskutieren. Wir werden im Kapitel »Die Familie und das Geld« noch einmal ausführlich auf einen solchen Fall eingehen. Ein belastetes Verhältnis innerhalb der Familie in späten Jahren noch zu korrigieren, ist ein mühsames Unternehmen. Beschränkt man sich auf die, zugegebenermaßen etwas plattere Frage, was man tut und was man nicht tut, kommt man zu folgendem Fazit: Man sollte nichts tun, was die Sache mit hoher Wahrscheinlichkeit am Ende noch verfahrener macht als sie ohnehin schon ist. Dabei hilft wahrscheinlich gelegentlich nur eine Menge Humor. Den haben bekanntlich nicht alle.

V. Wozu braucht ein Kind Grenzen – Braucht es überhaupt welche?

In den allermeisten Erziehungsfragen geht es nicht um ethisches oder unethisches Verhalten. Die meisten Eltern handeln praktisch, liebevoll, mehr oder weniger konsequent. Mehr oder weniger genau halten sie sich an die Erziehungsgrundsätze, die sie irgendwann einmal gefasst haben. Und mehr oder weniger großzügig gewöhnen sie sich an das Gefühl, diese Grundsätze immer wieder aufzugeben. Wenn das Kind quengelt, bekommt es eben doch seinen Schnuller, auch wenn die Schnullerfee schon tausend Mal da war und Geschenke für das Abgeben des Schnullers hinterlassen hat. Jeder Vater, jede Mutter, kennt die Situation im Supermarkt. An der Kasse stehen Überraschungseier und Schokoriegel zu Hunderten, und das dreijährige Kind bekommt einen Tobsuchtsanfall nach dem anderen, weil es ein »Nein« gehört hat. Egal wie man sich hier verhält, es endet mit einer Niederlage: Kauft man das Ei, bohren sich einem die Blicke der Kindergärtner und Lehrerinnen unter den Kunden in den Rücken. Die Damen und Herren sehen im Geiste schon die nächste Generation unbeherrschter Rüpel heranwachsen, denen niemals ein Wunsch abgeschlagen wurde. Kauft man das Ei nicht, hat man die andere Hälfte der Kundschaft gegen sich. Die genervten Supermarktbesucher, denen das Geschrei und das Gezeter zu viel werden. Die Singles, die nicht verstehen können, warum man wegen eines Eis für

89 Cent so ein Theater macht. Und natürlich die Großmüttergeneration, die ohnehin alles anders gemacht hätte. Wer nimmt schon seine Kinder mit zum Einkaufen?
Klar ist, dass man das nicht tut – egal, wie sich die Eltern entscheiden. In keinem Bereich gehen die Konventionen so weit auseinander wie bei der Frage der Grenzen. Müssen Eltern Grenzen setzen? Müssen Großeltern, Verwandte und Freunde sie respektieren? Sind Grenzen in Stein gemeißelt, oder gibt es auch Ausnahmen? Müssen Vater und Mutter dieselben Maßstäbe für die Erziehung der Kinder haben?

Der frühere Salemer Internatsleiter Bernhard Bueb hat in seinem Buch »Lob der Disziplin« energisch für klare Grenzen plädiert. Er ist skeptisch, ob die Eltern von heute in der Lage sind, ihren Kindern diese klaren Grenzen zu vermitteln. Bueb kritisiert, dass Eltern die Haltung ihrer Kinder »Ich will. Jetzt. Sofort!«, zu nachgiebig behandeln. Im Zweifel werden sie weich – an der Supermarktkasse, im Schuhladen, oder wenn es vor den Hausaufgaben unbedingt noch einen Spielenachmittag mit den Nachbarskindern geben muss. Die Kinder lernten in ihren Familien nicht mehr, dass Wünsche nicht sofort in Erfüllung gehen, dass manche überhaupt nicht erfüllt werden. Diese frühe Erfahrung sorge dafür, dass die Kinder später nicht durchhalten. Sie gäben zu schnell auf und unterzögen sich nicht mehr der Anstrengung, kontinuierlich zu lernen und sich zu bilden. Grenzen, sagt Bueb, sind entscheidend dafür, dass aus Kindern ordentliche und disziplinierte Jugendliche, kluge und strebsame Erwachsene werden können. Die folgende Frage beschäftigt sich mit diesen Grenzen und vor allem mit der Frage, ob Eltern diese gemeinsam vertreten müssen. Katja Keßler hat dazu eine entschiedene Antwort gegeben.

?

»Mein Mann ist zu unseren Kindern sehr viel strenger als ich und verbietet ihnen vieles, das ich ihnen erlauben würde. Ich sage den Kindern deshalb oft, dass sie bestimmte Dinge tun dürfen, solange Papa nicht dabei ist. Ich will mich ja auch nicht verbiegen. Tut man das? Oder falle ich ihm damit in den Rücken?«

!

Katja Keßler:
»Beim Lesen dieser Fragen hat man ihn reflexartig vor Augen: den fiesen Feldwebelvater, der seine Familie mit rigiden Verboten tyrannisiert. Aber natürlich kennt man auch sie: die Wischiwaschi-Papis, die ihre Kids in demokratischen Sabbelrunden entscheiden lassen, ob sie heute Abend Zähne putzen wollen oder nicht. Aber darum geht's gar nicht – ob zu streng oder zu lasch, ob richtig, ob falsch. Wichtig ist, dass Erziehung Teamwork ist, dass ich mir als Mutter mit Papa einig werde über das ›Wie‹ und nicht in der Abwesenheit des anderen Schattenpädagogik praktiziere. Kinder brauchen eine klare Orientierung. Ein seelisches, geistiges und moralisches Koordinatenkreuz. Dazu gehört auch die Tugend, für seine Überzeugungen einzutreten. Wie will ich das als Mama vermitteln, wenn ich mit meinem wahren Gesicht warte, bis hinter Papa die Tür ins Schloss fällt? Also: geht nicht!«

Eltern bringen ihre eigene Geschichte mit in die Familie. Und, auch wenn man es nicht immer wahrhaben will, die eigene Erziehung spielt bei den Vorstellungen, wie die Kinder erzogen werden sollten, eine wichtige Rolle. Da gibt es den Vater, der eine strenge Erziehung genossen hat und die

»mir überhaupt nicht geschadet hat.« Er will, dass seine Kinder ebenfalls mit festen Regeln aufwachsen, geordneten Zubettgehzeiten und klaren Grundsätzen wie dem »zuerst die Pflicht (Hausaufgaben), dann das Vergnügen (Spielen).« Die Mutter ist wesentlich großzügiger groß geworden, und sagt, »mir hat das auch nicht geschadet.« Obwohl ihre Eltern ihren Wünschen viel mehr Raum gegeben haben, hat sie Abitur gemacht, ein Studium absolviert. Sie ist ihren Eltern dankbar für die Spielräume und würde sie ihren Kindern auch gern geben. Die Auseinandersetzung mit ihrem Mann darüber scheut sie aber – zwischen den beiden Erziehungswelten scheint zu viel Abstand zu sein, als dass man sich einvernehmlich verständigen könnte.

Katja Keßler verbaut den naheliegenden Ausweg: Die eine lebt ihre Großzügigkeit aus, wenn der andere nicht da ist. Die Journalistin, studierte Zahnärztin, Mutter von vier Kindern sagt auch deutlich, warum das nicht geht. Vater und Mutter müssen von den Kindern als Einheit wahrgenommen werden, vor allem dann, wenn es um die Erziehungsgrundsätze geht: Erziehung ist Teamsache, und im Team muss es einig zugehen. Wie sollen die Kinder sonst lernen, was Loyalität ist? Woran sollen sie erkennen, was gilt und was nicht gilt? Wie sollen sie verstehen, dass es schon unterschiedliche Auffassungen derselben Sache geben kann, dass man aber am Ende zu einem gemeinsamen Entschluss kommen muss? Wenn sich Eltern nicht gegeneinander ausspielen lassen wollen, müssen sie wohl oder übel eine gemeinsame Linie finden.

Keßler sagt aber noch etwas anderes: Natürlich ist die Versuchung groß, vor den Kindern als der »bessere« Elternteil zu reüssieren. Die Mama, die einfach mehr erlaubt, wird sich zumindest anfangs sicher sein können, dass die Kinder sich mit ihren Sorgen, Nöten und Wünschen an sie wenden. Es wird ein Bündnis geschlossen zwischen der Mutter und den Kindern – zu Lasten des Vaters. Hier aber liegt der Hund begraben: Wenn Mutter und Kinder gegen die Wünsche und Vorstellungen des Vaters paktieren, ist nicht nur der eiserne Erziehungsgrundsatz der Einigkeit in Gefahr. Hier liegt auch der Keim für eine ernsthafte Belastung der Beziehung. Der Vater als Außenseiter wird schnell auch zum außenstehenden Partner, zum Störer des schönen Einverständnisses. Ist die Mutter an einer dauerhaften und glücklichen Beziehung zu ihrem Mann interessiert, sollte sie schon aus diesem Grund darauf achten, sich nicht auf die falsche Seite zu schlagen.

Grenzenlose Wünsche – dürfen Eltern die Notbremse ziehen?

Wenn Kinder dürften, wie sie wollen, gäbe es keine Grenzen: Siebenjährige hätten ein Handy, einen iPod und ein Pferd, Achtjährige würden den ganzen Tag Computer spielen, Neunjährige würden das Haus bis spät abends mit einer Karaoke-Anlage beschallen, und so weiter, und so weiter. Kinder müssen lernen, wo die Grenzen sind. Am schwersten ist das bei ihren Wünschen zum Geburtstag oder zu Weihnachten. Anfangs wissen sie nicht, ob ihre Wünsche erfüllbar sind oder nicht. Es sind eben nur Wünsche. Später wünschen sie sich Dinge, die ihre Freunde und Klassenkameraden auch haben. Dann sind die Wünsche Ausdruck des Bedürfnisses dabei zu sein, mithalten zu können mit den anderen, mit denen man sich vergleicht, an denen man sich misst.

Kommt Ihnen die folgende Situation auch bekannt vor? Sie haben fürs Kind den Geburtstagstisch gedeckt, die Geschenke sind verpackt. Das Kind erscheint, reißt alle Geschenke auf, sein Gesicht verdüstert sich mit jedem neuen Päckchen, das es in die Hand nimmt. Dann dreht es sich um, schaut sie bitter an und stellt fest: »Also schon wieder kein Nintendo DS.« Da würde man am liebsten den ganzen Kram einpacken und die nächsten zehn Geburtstage ersatzlos aus dem Kalender streichen.

Natürlich hat jeder Mensch Wünsche. Je erwachsener man wird, desto klarer weiß und akzeptiert man, dass im Leben nicht alle Wünsche in Erfüllung gehen können. Wünsche werden relativ, Geschenke bekommen eine andere Bedeutung. Sie werden als Geste verstanden. Ist das Geschenk mies und absolut am eigenen Geschmack vorbei, macht man sich Gedanken über den Wert der Freundschaft. Ist es teuer und üppig, fühlt man sich besonders wertgeschätzt – selbst wenn man zehn Mal beteuert, das sei nun wirklich zu viel und schon gar nicht sei es nötig gewesen, so ein Aufheben um den doch so unbedeutenden Geburtstag zu machen.

Kinder kennen so etwas natürlich nicht. Und so kann es passieren, dass sich ein Kind zum Geburtstag im November noch nichts sehnlicher wünscht als ein paar Luftballons zum Aufblasen. Und schon zu Weihnachten steht auf dem Wunschzettel: »Ein Nintendo, ein Hund mit Leine und Korb, ein Pferd, ein iPod, neue Lackschuhe, eine Schwester.« Beides ist in seiner Weise maßlos. Nur, dass uns das eine – die Bescheidenheit – eben gut gefällt, uns das andere aber auf die Palme bringt.

Hubert, Vater eines Sohnes, hat der Wunschzettel des Knaben derart in Wallung versetzt, dass er Weihnachten in diesem Jahr ganz ausfallen lassen will. Er hat einfach keine Lust mehr auf die genervten Gesichter von Frau und Kind, wenn die Geschenke zu klein, zu armselig oder einfach nur falsch sind. Hubert will geliebt werden für das, was er ist. Und nicht für das, was er herbeischaffen kann. Nun kann man einwenden, dass Hubert immer noch ein bisschen zu naiv für das echte Leben ist. Das aber wäre nicht fair. Denn insgeheim wollen wir, dass sich unsere Lieben über unsere Geschenke aufrichtig freuen. Tun sie es nicht so, wie wir uns das vorgestellt haben, wittern wir schnell eine Grenzüberschreitung und sinnen auf Vergeltung.

Hubert hat für sich beschlossen, diesmal aufs Ganze zu gehen: »Wir schenken zu Weihnachten einfach *Nichts*, weil die Kinder mit *Nichts* zufrieden sind!« Doch je näher Weihnachten rückt, desto weicher wird er. Zu Recht. Denn nichts zu schenken ist keine Option, warnt Katja Keßler. Sie kann die Verzweiflung Huberts nachfühlen: »Eine jede Mutter, ein jeder Vater kennt sie, die Verzweiflung: ›Hilfe, mein Kind kriegt den Hals nicht voll!‹ Nach der Zuckerwatte ist vor der Zuckerwatte, kaum steht der Computer auf dem Schreibtisch, will die kleine Blage auch noch einen Drucker. Da könnte man vor Wut in den Teppich beißen.«

Doch können die Kinder etwas dafür, dass sie so sind, wie sie sind? »Zum einen leben wir in einer Konsumgesellschaft mit dem Schlachtruf ›Mehr!‹, das Wort ›Enthaltsamkeit‹ ist vom Aussterben bedroht. Das leben wir unseren Kinder vor, sie imitieren nur, was sie bei den Großen sehen.« Wer also maßvolle und bescheidene Kinder möchte, die sich budgetgerecht verhalten, muss ihnen selbst das Beispiel dafür geben. »Zum anderen kommen

Kinder als die größten Egomanen aller Zeiten auf die Welt. Nicht ›Mama‹ und ›Papa‹ sind die wahren ersten Worte, sondern ›Nein!‹ und ›Mein!‹ Das hat ihnen in Jahrmillionen das Überleben gesichert.« Die Eltern kämpfen also nicht nur gegen die Konsumgesellschaft, sie kämpfen auch gegen die Evolution. Da hilft nur Geduld: »Unsere Aufgabe als Eltern ist es, kleinen Menschen auf dem Weg zu großen Menschen die Tugend der Empathie zu vermitteln: ›Es gibt auch noch andere Menschen. Ich bin nicht das Zentrum des Universums.‹ Und bis es soweit ist, bis aus einer jauligen Blage vor dem Legoregal ein Wesen mit Koordinatenkreuz geworden ist, heißt es für die Großen: Pobacken zusammenkneifen, durchatmen, bis hundert zählen – und erklären, was ein Kind nicht hören möchte: ›Nein!‹ Nicht immer. Aber immer wieder. Übung macht den Meister. Und wer zu Weihnachten damit anfängt, hat spätestens zum nächsten Kindergeburtstag davon profitiert.«

Manchmal geht das schneller als man denkt, und dann erschreckt man sich ein bisschen über die Altklugheit von Kindern. »Mein großer Bruder sagt, man darf sich nichts wünschen. Man bekommt nur geschenkt. Darf ich mir trotzdem etwas wünschen?«, fragt Katharina. Bärbel Schäfer antwortet – und gibt der Frage nach den Grenzen eine neue Dimension: »Wünsche sind etwas Herrliches«, schreibt sie. Denn Wünsche sind auch der Ausdruck für Träume und Ziele. Im Wünschen können Menschen – auch kleine – ihre Grenzen überschreiten und vielleicht verschieben. Deshalb dürfen sie auch einmal übertrieben sein.

Wo gelten die Grenzen – und wo nicht?

Es scheint also klar zu sein, dass es in der Familie Grenzen geben sollte, die von beiden Elternteilen respektiert und vertreten werden müssen. Sie sind nicht in Stein gemeißelt, sollten aber schon einigermaßen belastbar sein. Nun ist eine Familie aber kein hermetisch abgeriegelter Raum. Es gibt Kindergeburtstage, und schwups, sind die Barbies im Haus. Es gibt Ausflüge mit Freunden auf den Jahrmarkt oder das Ritterfest – und ohne, dass die friedliebenden Eltern auch nur gefragt wurden, sind auf einmal Pistolen, Säbel und Schleudern im Kinderzimmer. Zuckerfrei aufwachsende Kinder bekommen von der wohlmeinenden Tante eine Tüte Gummibärchen in die Hand gedrückt und verleiben sie sich ein, bevor die Eltern auch nur gewahr wurden, dass sich hier ein eklatanter Verstoß gegen die Linie des Hauses ereignet.

Die Erziehungsgrundsätze der Eltern werden von außen immer wieder, und das meist unbewusst, herausgefordert. Wer das persönlich nimmt, gerät schnell ins Abseits. Anders ist es, wenn es sich um eine bewusste Tat handelt. Vielleicht ist sie gut gemeint, »damit das Kind auch einmal eine Freude hat.« Vielleicht ist das Geschenk aber auch eher für die Eltern gedacht: zum Beispiel Prinzessin Lillifee. Kaum jemand, der eine Tochter hat, träumt von vornherein davon, dass sich das Kind spätestens im Alter von drei Jahren in ein rosa Geschöpf verwandelt, das Schlafanzüge, Bettwäsche, Haarklammern und Trinkflasche nur noch akzeptiert, wenn eine blondgelockte Fee darauf herumhüpft. Aufgeklärten und emanzipierten Eltern ist es ein Gräuel zuzusehen, wie sich das Kind, dem man vor wenigen Monaten noch einen Hang zu Fußball, Baggern und im späteren Leben einen Mathematikberuf zugesprochen hätte, in eine kleine Tanzmarie verwandelt.

Klaus und Anna sind erklärte Lillifee-Gegner. Das wissen alle ihre Freunde. Ihre Tochter soll das Schicksal der Generation Lillifee nicht teilen, das haben sie sich geschworen. Der vierte Geburtstag der Kleinen naht. Ausgerechnet eine enge Freundin des Paares überreicht eine Lillifee-Tasse, eine Lillifee-Müslischale, einen Lillifee-Teller. Jeden Tag beim Frühstück können Klaus und Anna nun das Verlöschen ihres Bannstrahls besichtigen. Die Tochter verlangt ihre Tasse, ihren Teller und ihre Schale. Sonst verweigert sie das Frühstück. Klaus und Anna fragen: Darf man sich über die Erziehungsgrundsätze von anderen hinwegsetzen?

Eva-Maria Welskopp-Deffaa sieht das sehr gelassen. Ja, die Freundin darf, sagt die Abteilungsleiterin im Familienministerium und frühere Leiterin des Referats »Wirtschaft und Gesellschaft« des Zentralkomitees der deutschen Katholiken. Die Freundin habe zwar vermutlich die gute Laune der Eltern ein wenig verdorben, aber: »Man darf schenken, was man selbst schenken möchte.« Schließlich gehe es darum, dem Kind eine Freude zu machen. »Die Freundin ist nicht Erziehungsberechtigte oder -unterstützerin der Eltern.«

Erziehen müssen die Eltern schon allein. Wenn es aber schon so ist, dass Familienmitglieder und Freunde die Erziehung gelegentlich relativieren dürfen, dann ist es umso wichtiger, dass die Eltern sich untereinander einig sind. Gelegentliche Grenzüberschreitungen von außen sind auch für Kinder leicht einzuordnen. Sie wissen, dass es hier um Ausnahmen geht. Verletzt dagegen ein Partner ständig die vermeintlich gemeinsame Linie, werden auch die Kinder unsicher und zaghaft. Sie können nicht unterscheiden, was gilt: die gemeinsame Linie, wenn beide Eltern zu Hause sind, oder das laxe Regime, wenn nur die Mutter da ist.

VI. Das Kind, die Schule und ich – Wie sich Eltern durch die Schullaufbahn ihrer Kinder lernen

Kaum geht das Kind in die Schule, werden selbst die gelassensten Eltern unruhig. Neue Lehrmethoden, die Furcht, dass das eigene Kind keine Freunde findet oder in der Schule nicht mitkomme – das alles nagt und zehrt an den Nerven der Eltern. Auf einmal beurteilt jemand anderes die eigenen Kinder. Jemand, der sie nicht so gut kennt, der sie aber mit vielen anderen Kindern derselben Altersstufe vergleicht. Schon das kann eine Zumutung für Vater und Mutter sein. Wenn man das eigene Kind für besonders sozial und schlau hält und beim ersten Elternsprechtag in der neuen Schule mit Defiziten und Auffälligkeiten konfrontiert wird, tut das nicht nur weh. Es wird auch als ungutes Zeichen für den künftigen Weg des Kindes gedeutet. Die meisten Eltern sind sich – im Gegensatz zu vielen Kindern – sehr darüber bewusst, dass eine gute Schulbildung mit darüber entscheidet, ob ein Kind später die Freiheit haben wird, sein Leben so zu gestalten, wie es das gerne möchte. Deshalb wollen sie, dass ihre Kinder in der Schule von Anfang an gut integriert sind und mitkommen.

Dass der Bildungsgrad der Eltern in Deutschland stärker als in jedem anderen Land Europas auch die Aussichten der Kinder auf eine höhere Bildung bestimmt, ist ja nicht nur eine schlechte Nachricht. Das Gute an dieser Nachricht ist, dass sich gebildete Eltern sehr für die Schullaufbahn ihrer Kinder einsetzen, und dass das den Kindern nützen kann. Sie lernen mit ihnen, kontrollieren die Hausaufgaben, bereiten die Kinder auf Prüfungen und Klassenarbeiten vor und organisieren Nachhilfestunden, wenn das alles nicht zum gewünschten Erfolg führt. So können auch mäßig begabte Kinder das Abitur schaffen.

Schlecht ist dagegen, dass Kinder aus bildungsfernen Familien es viel schwerer haben in der Schule. Sie müssen objektiv bessere Leistungen bringen, um eine Empfehlung für das Gymnasium zu bekommen, aber sie sind subjektiv viel schlechter dafür gerüstet. Mit ihnen lernt oft niemand, häufig sind sie auf sich allein gestellt – und auf wohlmeinende Pädagogen angewiesen – wenn es darum geht, frühe Defizite und Sprachprobleme auszugleichen.

Die Zweiteilung der Bildungswelt in Familien mit Bildungshintergrund und Familien ohne dieses Rüstzeug verschiebt aber auch die Koordinaten im Schulsystem selbst. Lehrer und Pädagogen kümmern sich immer noch lieber um die ordentlichen Kinder, die ihre Hausaufgaben machen und gute Noten haben. Dieses angepasste und eifrige Verhalten führt wiederum zu besseren Noten und mehr Engagement auf der Seite der Lehrer. Das muss man den Lehrern nicht vorwerfen. Sie können mit kooperativen Schülern und deren Eltern einfach mehr anfangen, der Unterricht mit ihnen macht Freude und ist angenehmer als der Stress mit aufmüpfigen Schülern. Die Eltern sind ansprechbar, erscheinen zu Klassenversammlungen und Elternsprechtagen und reagieren unmittelbar auf einen Tadel. Die positiven Vorurteile von Akademikern gegenüber Akademikerkindern begünstigen eine Schere, die sich auch objektiv auftut: Sie haben es leichter, selbst wenn die Leistungen schlechter sind. Hier liegt ein gesellschaftliches Versagen: Es ist ethisch, moralisch und ökonomisch nicht zu vertreten, dass intelligente Kinder benachteiligt werden, nur weil sie aus bildungsfernen Haushalten kommen. Dennoch leisten wir uns diese Ungerechtigkeit. Manchmal verschärfen wir sie noch durch unser eigenes Verhalten.

Zum Beispiel die Lehrerkinder. Hier redet man – wie das unter Ärzten auch üblich ist – unter Kollegen, wenn man sich begegnet. Und unter Kollegen ist auch immer klar, welche Möglichkeiten es gibt, die Leistungen des eigenen Kindes nach oben zu wuppen und eine besondere Behandlung zu erfahren. Man weiß einfach, wie der Unterricht funktioniert, man kennt die Hilfsmittel, mit denen Lehrer sich für die Stunden präparieren. Zum Beispiel, weil man Zugang zu den Vorbereitungsbüchern für Lehrer hat. Warum sollte es falsch sein, sich das Lehrerbegleitheft zum Schulbuch des eigenen Kindes zu bestellen? So kann man das Kind gezielt vorbereiten und es wird vielleicht sogar bei Klassenarbeiten profitieren. Aber wie weit kann man bei der Vorbereitung gehen? Darf man auch Material und Hinweise benutzen, die nicht für alle zugänglich sind? Darum geht es in der nächsten Frage, auf die Klaus Mertes, Direktor des Canisius-Kollegs, geantwortet hat.

? »Mein Sohn hat auf das Gymnasium gewechselt und tut sich nicht ganz leicht. Seinem Freund ging es ebenso, doch bei den letzten Tests und Klassenarbeiten hat er recht ordentlich abgeschnitten. Als er bei uns zu Besuch war, verplapperte er sich und erzählte, seine Mutter habe zum Teil genau das mit ihm geübt, was drangekommen sei. Ich musste feststellen, dass seine Mutter, eine Lehrerin, offensichtlich Testmaterialien bestellt hat, die eigentlich nur Lehrkräften zugänglich sind, die diese für Klassenarbeiten einsetzen. Die Mutter sagte, dass sie sich gar nichts Böses dabei gedacht habe und mit ihrem Kind nur gezielt habe üben wollen. Jetzt denke ich darüber nach, ob ich nicht auch versuchen sollte, an das Material zu kommen. Tut man das?«

Klaus Mertes:
»Erstens: Die Schulbuchverlage verkaufen bestimmtes Begleitmaterial nicht ohne Grund nur an Lehrer. Es verstößt gegen die berufsethischen Regeln, als Lehrer solche Vorteile privat auszunutzen. Zweitens: Als Eltern gibt man dem eigenen Kind, das sein Verhalten am Vorbild von Vater und Mutter orientiert, ein falsches erzieherisches Signal. Drittens: Der lernpädagogische Effekt der reinen Reproduktion ist gering. Fazit: Lehrer, die bei sich zwischen der Eltern- und Lehrerrolle nicht unterscheiden können, sind schlechte Lehrer und schlechte Eltern. Eltern, die diesen Unterschied respektieren und sich auch in ihrer Eigenschaft als Lehrer daran halten, sind gute Eltern und geben ihren Kindern durch ihr Verhalten zugleich ein Signal, wie sie selbst zwischen guten und schlechten Lehrern sowie guten und schlechten Eltern unterscheiden können.«

Knapper kann man kaum begründen, warum Eltern ihre Kinder nicht um jeden Preis auf die bevorstehende Klausur vorbereiten sollten. Und knapper kann man kaum verdeutlichen, wo die moralische Dimension einer solchen Frage liegt. Sie liegt im Rollenverständnis der Eltern und im Rollenverständnis der Lehrer. Das kann bei Lehrereltern eben auch mal durcheinander gehen, sollte es aber nicht. Denn es geht ja nicht nur um die Vorbereitung des eigenen Kindes auf die Klassenarbeit. Es geht mindestens genauso darum, dem eigenen Kind einen Wettbewerbsvorteil zu Lasten der anderen zu verschaffen. Und es geht darum, ob die Kinder von Lehrern an Schulen eine eigene Gruppe bilden: besonders gefördert, besonders unterstützt, manchmal über das vertretbare und faire Maß hinaus.

Großzügiger als der Jesuit Mertes sind die Eltern, die sich auf unserer Homepage mit der Frage beschäftigen: »Warum nicht?«, wird hier argumentiert, »es ist doch schön, wenn man mit den Kinder ordentlich lernen kann.« Silvia steuert eine Anekdote aus ihrer Schulzeit bei, die auch auf die Tücken der Vorbereitung auf die Klassenarbeit mit Lehrermaterial hinweist:

»Ich hatte während der Schulzeit durch meinen Vater, der Lehrer war, ebenfalls Zugang zum Lehrerbegleitheft in Französisch. Meine Freundin und ich lernten gemeinsam daraus und prompt kam das Diktat in der Klassenarbeit dran. Natürlich hatten wir beide null Fehler! Allerdings erschien der Lehrerin der Text wohl zu kurz und sie hängte noch drei weitere (uns unbekannte) Sätze dran. Ich schlug mich redlich, aber bei meiner Freundin strotzten diese drei Sätze nur so vor Fehlern. Die Lehrerin roch Lunte und hat aus diesem Begleitheft nie wieder eine Klassenarbeit ausgewählt.«

Johannes fügt an, dass die Begleitbücher für Lehrer ohnehin nur von begrenztem Nutzen zu sein scheinen. Es gebe unendlich viel andere Literatur, die auch den normalen Eltern zur Verfügung stehe und genauso gut funktioniere. Deshalb sieht er kein ethisches Problem, wenn Lehrereltern ihre Kinder mit Lehrerbüchern versorgen. Richtig aufgebracht ist Berthold, offenbar selbst ein Lehrer. Er dreht die Argumentation um: Er findet es unmöglich, dass sich sofort Neid und Missgunst breitmachen, sobald ein Vorteil bei anderen gewittert werde. »Immer dieselbe elende Leier: ›Darf der das?‹ ›Wieso hat der so was und ich nicht?‹ ›Das müsste verboten werden …‹ Warum kommt eigentlich niemand auf die Idee, mit gutem Vorbild voranzugehen, anstatt ständig andere behindern zu wollen?« Mertes aber geht es um das ethische Fundament, aufgrund dessen man sich entscheidet, Lehrer zu werden. Genauso wie man in der Klasse eigentlich zur Neutralität verpflichtet ist, muss man es den eigenen Kindern als Vater oder Mutter vorleben. Persönliche Integrität endet nicht mit dem Gong zum Schulschluss. Gelegentlich fängt sie da erst an.

Es ist keineswegs ein Spezialproblem, das hier diskutiert wird. Denn ganz grundsätzlich stellt sich die Frage, ob man eher der Auffassung ist, dass Kinder von Lernvorsprüngen profitieren sollten, indem sie diese exklusiv für sich behalten. Oder ob der Hauptgewinn für die Kinder im Teilen dieses Vorsprungs liegt. Moderne Pädagogen argumentieren gerne, dass das zweite Argument das wichtigere ist. Leistungsstarke Kinder profitierten besonders, wenn sie ihr Wissen und ihre Fähigkeiten auch an die Schwächeren weitergeben würden. So werden unter anderem ein längeres gemeinsames Lernen von Grundschulkindern oder der jahrgangsübergreifende Unterricht begründet, und so werden Lernteams in den Schulen gerne zusammengestellt und koordiniert. Die Eltern aber bewegt in der Regel ein anderes Interesse. Sie wollen sicher sein können, dass ihre Kinder in der Schule ihrem Potenzial entsprechend optimal gefördert werden und später ihren eigenen Weg frei wählen können.

Den Kindern selbst sind der Ehrgeiz – und die daraus resultierenden Tricks – ihrer Eltern gelegentlich unheimlich.

Lukas wird im kommenden Jahr sein Abitur machen. Dass er es schafft, steht außer Frage. Doch der junge Mann will ein Numerus-clausus-Fach studieren. Er muss sich also auf den letzten Metern noch einmal deutlich steigern. Seine Eltern haben einen seiner Fachlehrer für die Prüfungsvorbereitung angeheuert. Lukas ist das ein bisschen peinlich. Er fragt sich, ob Lehrer so etwas tun sollten.

Paul Schuknecht ist Vorsitzender der Vereinigung Berliner Schulleiter und Schulleiterinnen, er selbst ist Direktor an der Friedensburg-Oberschule. Er findet das Verhalten aller Beteiligten unmöglich. Vor allem richtet er sich an Lukas selbst. Wie es sein könne, dass er ein Jahr vor dem Abitur immer noch nicht in der Lage sei, sich selbstständig auf seine Prüfungen vorzubereiten? Glaube er, mit dem Privatunterricht beim eigenen Lehrer Insiderwissen zu bekommen? – Schließlich habe derselbe Lehrer es im normalen Unterricht ja nicht zuwege gebracht, ihn auf eine richtig gute Note zu bringen. Warum habe er, Lukas, keine Lerngruppe mit Mitschülern, um sich vorzubereiten? Und: Wenn die Eltern schon Geld ausgeben wollten, um ihm zu helfen, dann gebe es eine Menge guter Nachhilfeinstitute, an die man sich wenden könne. Da lerne er dann vielleicht auch das, was ihm bisher offensichtlich noch nicht vermittelt wurde: selbstständiges Arbeiten.

Schuknecht appelliert an den jungen Erwachsenen in Lukas. Eigentlich müsste der schon weiter sein, als sich am Rockzipfel seiner Eltern zu orientieren.

Den Eltern wirft Schuknecht vor, ihre materiell bevorzugte Lage einzusetzen, um dem Sohn einen Wettbewerbsvorteil zu verschaffen. Dem Lehrer rät er, das Angebot abzulehnen und seinen Schuldirektor von dem unsittlichen Angebot in Kenntnis zu setzen.

Lukas kriegt es also von allen Seiten zu hören: So etwas tut man nicht! Und doch tun es viele. Wenn es um Schulabschlüsse und den Zugang zu guten Universitäten geht, kennen gebildete und wohlsituierte Eltern gelegentlich keine Grenzen: Man tut das, was geht. Und erst danach macht man sich Gedanken darüber, ob es das Richtige war.

Hier wird vielleicht am deutlichsten, wie weit sich die Schulbildung der Kinder inzwischen von den Kategorien entfernt hat, die man mit Fairness umschreiben würde. Eine offene Gesellschaft würde ja nicht nur den Aufstieg durch Bildung anstreben. Sie würde auch den sozialen Abstieg durch fehlende Bildung in Kauf nehmen. Die Eltern von Lukas wissen das, oder sie spüren es zumindest. Bevor sie ihren Sohn ein paar Jahre auf den gewünschten Studienplatz warten lassen, handeln sie, wenn es sein muss, auch unethisch. Zumindest aber befinden sie sich in einem Dilemma: Dem Wunsch und der Verantwortung, den eigenen Sohn optimal auf das Leben vorzubereiten, steht die zweifelhafte Entscheidung zu einem nicht ganz sauberen Weg gegenüber.

Natürlich hat man hier auch ein paar Fragen an den Lehrer. Kann es sein, dass sich jemand für Privatunterricht einkaufen lässt, der doch als Beamter in besonderer Weise dem Gemeinwohl verpflichtet ist? Ist es möglich, dass ein

Lehrer ein besonderes Verhältnis zu einem seiner Schüler eingeht, indem er ihn besonders fördert? Solange das unentgeltlich und offen passiert, wird kaum jemand etwas dagegen einzuwenden haben. Lehrer, die nachmittags freiwillig in der Schule bleiben und Lerngruppen betreuen, gelten zu Recht als besonders tüchtig und engagiert. Hier aber ist der Zugang zum Extraunterricht offen und für diejenigen zugänglich, die Förderung brauchen. Bei Lukas dagegen ist es umgekehrt: Hier bedeutet die Förderung – jedenfalls wenn sie so erfolgt, wie die Eltern das wollen – den Ausschluss der anderen.

Bekommt mein Kind, was es braucht?

Eltern beobachten sehr genau, wie die Fortschritte des eigenen Kindes in der Schule sind. Sie registrieren auch sehr fein, wann und wo Unterschiede entstehen. So beschwert sich eine Mutter, dass ihr Sohn ausgerechnet mit dem Klassenbesten befreundet ist. Ihr geht das begabte Kind auf die Nerven, sie findet, dass ihr Sohn regelmäßig einen »Klugscheißer« mit nach Hause bringt.

Karin Rasmussen ist Coach für Hochbegabte und sie kennt dieses Phänomen. Die Eltern normal begabter Kinder sind keineswegs immer begeistert, wenn das eigene Kind ein hochbegabtes als Freund aussucht. Sie fürchten, dass das eigene Kind in der Freundschaft immer nur der zweite Sieger sein wird.

Besonders augenfällig ist das in Schulen, in denen Kinder mit Behinderungen und Regelschulkinder gemeinsam unterrichtet werden. Hier gehen einerseits Kinder zur Schule, deren Eltern sich eine bestimmte Art von Pädagogik für ihre Kinder wünschen. Andererseits verbringen auch die sogenannten »Integrationskinder« hier zumindest einen Teil ihrer Schulzeit. Nach der UN-Konvention für Behindertenrechte, die nun auch in Deutschland umgesetzt wird, soll das jetzt der Regelfall in allen Schulen werden. Bremen startet als eines der ersten Bundesländer im Schuljahr 2010/2011 mit dem gemeinsamen Unterricht.

Damit die Integrationskinder speziell gefördert werden können, gibt es Extra-Schulstunden und damit auch Extra-Lehrkräfte. Doch wem gehören diese Extra-Stunden? Formal gehören sie den Kindern mit dem besonderen Förderbedarf. In der Realität aber ist es in vielen Schulen so, dass davon auch die Kinder profitieren, die sich ohne Behinderung entwickeln und auch ohne Behinderung lernen. Gemeinsames Aufwachsen, gemeinsames Lernen. – Für die Integration von Behinderten in die Gesellschaft ist das ein großer Fortschritt. Was aber, wenn die Lehrer das Gefühl haben, dass noch mehr Förderung letztlich keine großen Fortschritte mehr bringen wird? Oder wenn das pädagogische Konzept der Schule vorsieht, dass die Zusatzstunden für die Förderkinder allen zugutekommen sollen? Dann entsteht bei den Eltern der Integrationskinder schnell der Eindruck, dass sich die Lehrer am Ende doch lieber mit den leistungsstarken Schülern beschäftigen, anstatt die benachteiligten Kinder zu bilden. Ein Konflikt entsteht, der in den ersten Jahren meist heruntergeschluckt wird. Denn man ist noch dankbar, dass das Kind in einer normalen Schule untergekommen ist und nicht auf eine Sonderschule gehen muss. Da freut man sich, dass der Sohn Lesen lernt, die Tochter beim Rechnen gut vorankommt.

Dann aber werden die Fortschritte kleiner, manchmal

bleiben sie ganz aus. Die Eltern sorgen sich zunehmend, ob die Kinder irgendwann einmal alleine zurechtkommen werden. Sie werden dünnhäutig – auch, was die anderen Kinder in der Klasse angeht. Sie fühlen, dass ihre Kinder trotz aller Integrationsanstrengungen mehr Probleme haben, Freunde zu finden, dass sie in der Klasse nach und nach doch den Anschluss verlieren. Das Bewusstsein für die kleinen Wunder, die immer noch passieren, schwindet. Es schleift sich ab in der zermürbenden Gewissheit, dass am Ende der Schullaufbahn möglicherweise nicht einmal ein qualifizierter Hauptschulabschluss stehen wird, dass das eigene Kind immer auf Hilfe angewiesen sein wird.

Auch hat man ständig die anderen Kinder vor Augen, denen alles leicht zu fallen scheint, woran das eigene Kind scheitert. Kinder, die sich frei bewegen und ihre Gesprächspartner anschauen. Kinder, die es schaffen, neben den Hausaufgaben mit Freunden zu spielen, ein Instrument zu lernen oder in den Fußballverein zu gehen. Kinder, die beliebt sind und im Mittelpunkt stehen. Man sieht Kinder, die körperlich und geistig gesund sind – und leidet noch ein wenig mehr mit dem eigenen Kind, dem viele dieser Dinge verschlossen bleiben.

Wenn dann noch der bittere Verdacht wächst, dass die Förderstunden nicht ausschließlich dem Fortkommen des eigenen Kindes gewidmet sind, werden Eltern schnell sauer. Zumal dann, wenn die Eltern der anderen Kinder nicht gerade geduldig auf die eigenen Probleme reagieren. Die Eltern der nicht behinderten Kinder fürchten insgeheim, dass das Leistungsniveau der ganzen Klasse unter den Langsamen leidet. Ihre Kinder berichten zu Hause, dass Sven ja immer noch nicht rechnen kann und deshalb die Lehrerin eine halbe Stunde mit ihm allein gelernt hat.

Auch sie wollen für ihre Kinder das Beste. Das sind auch bei den Regelschulkindern die Förderung ihrer Begabungen und das Ausgleichen ihrer Schwächen. Ihre Eltern achten besorgt darauf, dass diese Interessen gewahrt bleiben.

In guten Schulen werden solche Konflikte angesprochen, diskutiert und dann, zumindest zur leidlichen Zufriedenheit der Interessengruppen, beigelegt. Schlechte Schulen lassen die Sache laufen – bis eine Elterngruppe den Aufstand probt. Auf »Das tut man nicht.de« sind es die Eltern der Integrationskinder, die nach Hilfe suchen. Sie möchten sicherstellen, dass ihre Kinder die Extra-Stunden bekommen und von den zusätzlich eingestellten Lehrkräften besonders profitieren. Deshalb haben sie sich schon mit den Lehrern und den anderen Eltern zerstritten. Nun fragen sie sich, wie weit sie in der Vertretung ihrer eigenen Interessen gehen können, ohne dass ihre Kinder darunter leiden.

Der »Deutsche Verein« ist ein Verband, in dem viele Trägervereine für Schulen und soziale Einrichtungen zusammengeschlossen sind. Verbandschef Michael Löher versteht die Sorgen der Eltern. Er sieht kein ethisches Problem darin, den Anspruch auf die individuellen Förderstunden deutlich auszusprechen. Nicht lösen kann Löher allerdings das ethische Dilemma, das die Eltern bewegt. Schließlich haben sie ihre Kinder auf diese Schule geschickt, damit sie die Normalität des Schulalltags in einer normalen Schule erleben. Anfangs fanden sie das gemeinsame Lernen ja auch toll, und sie haben es unterstützt, dass auch ihre Kinder im Klassenverband nach ihren Möglichkeiten lernen. Die Eltern ahnen, was passiert, wenn sie diesen Konsens kündigen: Dann fragen auch die anderen, was sie davon haben, ihre Kinder in diese Schule zu schicken. Viele haben sich vielleicht nur für diese Schule entschieden, weil es dort mehr Lehrkräfte und kleinere Klassen gibt.

Manchmal ist es genau diese Situation, in der man fühlt, dass eine wunderbare Illusion zerplatzt. Hier ist es der Wunsch nach Normalität und Gemeinsamkeit, der sich doch nicht erfüllt. Jeder sucht eine Rechtfertigung für sein eigenes Handeln und möchte gern, dass das Handeln im Interesse des Kindes auch gesellschaftlich respektiert wird. Dass ein Interessenausgleich immer schwieriger wird, je älter die Kinder werden und je näher für die eine Gruppe das Abitur, für die andere möglicherweise ein Ende der Schullaufbahn ohne Abschluss rückt, liegt auf der Hand. Und hier liegt Löher mit seinem praktischen Rat ganz richtig: Wenn es abzuwägen gilt zwischen dem ethischen Verhalten gegenüber einer ganzen Gruppe und einer ethisch fundierten Entscheidung für den Weg des eigenen Kindes, dann siegt die Individualethik.

Das gilt nicht nur für die besonders kniffligen Situationen, wie sie in Klassen mit sehr gemischten Leistungsniveaus entstehen. Das gilt für alle Schüler auf allen Schulen, ganz egal, wie stark sich die Leistungsniveaus der Kinder unterscheiden.

… und dann gibt es da noch die ungerechten Lehrer

Was aber passiert, wenn man den Eindruck gewinnen muss, dass das eigene Kind ungerecht behandelt wird? Es ist schwer, den richtigen Zeitpunkt zu finden, an dem Eltern sich einmischen müssen. Denn erstens ist nicht jede gefühlte Ungerechtigkeit von der ein Kind berichtet tatsächlich eine bewusste Überschreitung von Grenzen. Zweitens passieren Ungerechtigkeiten; da muss man nicht immer gleich auf die Barrikaden gehen. Und drittens weiß man nie, wozu eine Beschwerde führt. Wird sie den Lehrer für die Nöte des Kindes sensibilisieren oder wird sie ihn erst recht verärgern? Auch das Alter des Kinde spielt eine Rolle: Einer pubertierenden 14-Jährigen nimmt man die Ungerechtigkeits-Klage in der Regel nicht so vorbehaltlos ab, wie man das bei einem Achtjährigen vielleicht noch tut.

Dennoch gibt es objektive Ungerechtigkeiten und es gibt Kinder, die besonders unter ihnen leiden. Gerlinde Unverzagt ist vielleicht eine der radikalsten Kinder-Verteidigerinnen im Land. Sie hat das »Lehrerhasser-Buch« geschrieben und das Buch »Eltern an die Macht«. In beiden Büchern setzt sie sich mit dem Verhältnis von Schule und Elternhaus, von Lehrern und Eltern auseinander. Unverzagt sagt, dass Eltern ihren Kindern unbedingte Loyalität schulden. Es sei unmöglich von ihnen, wenn sich Eltern vor Lehrern klein machten und den Mund hielten, nur um den Schulerfolg des Kindes nicht zu gefährden. Da hat sie sicher Recht – nur liegt es nicht jedem, sich in einen Dauerkonflikt mit der Schule zu begeben. Außerdem steht vor dem unbedingten Loyalitätsbekunden oft noch die Frage, welches Engagement in der Schule am Ende nützlich ist und welches nicht.

Lehrer mögen Eltern, die zuverlässig zum Elternsprechtag und zu den Klassenkonferenzen erscheinen, die nicht zu lange reden, nicht zu viele Probleme mitbringen und nach einer Viertelstunde wieder gehen. Abweichungen nach oben und unten sollten nicht mehr als fünf Minuten betragen. Bleibt man länger sitzen, wird der Lehrer nervös, weil draußen noch andere Eltern warten. Geht man früher, fühlt der Lehrer sich auch nicht wohl. Denn Lehrer sind natürlich so konditioniert, dass sie die zur Verfügung stehende Zeit am liebsten voll ausnutzen. Den meisten Eltern dagegen ist ein Leben nach dem Gong fremd, und deshalb kommt es immer wieder zu unerwünschten Grenzüberschreitungen.

Die Dauer des Gesprächs sagt aber natürlich nichts über das Dilemma der Eltern aus, sich einerseits richtig und konstruktiv zu verhalten, andererseits aber klar auf der Seite des eigenen Kindes zu stehen. Lehrer erwarten, dass man sich ihrer Sicht der Dinge öffnet. Aber wie ist das, wenn man den Eindruck hat, gerade dieser Lehrer behandle das eigene Kind systematisch unfair? Dann gibt es wenig Spielraum: Das muss heraus, es muss an- und ausgesprochen werden. Auch wenn das bedeutet, einen Konflikt mit dem Lehrer einzugehen.

Die Schule ist also nicht nur für Kinder, sondern auch und gerade für die Eltern ein Ort, an dem sie sich ethisch bewähren können und müssen. Ihr Handeln wird auch den Kindern ein Maßstab sein.

Weil die Bewertungssysteme der Schule in aller Regel nur die Leistung messen, nicht aber deren Zustandekommen, gibt es hier besonders viele Chancen, sich zwischen ethisch richtigem und falschem Verhalten zu entscheiden. Dazu kommt, dass Eltern hier nicht oder nur mittelbar auf eigene Rechnung handeln, schließlich geht es um die Kinder. Grundanständig zu handeln kann in diesem Zusammenhang auch bedeuten, Nachteile für den Weg des eigenen Kindes in Kauf zu nehmen. Das ist für Eltern die größte – und sicher gemeinste – Herausforderung.

VII. Außer Konkurrenz – Die Großeltern

Oma und Opa – für viele Kinder sind die Großeltern das Allergrößte. Wenn sie in den Ferien zu ihnen dürfen, können sie sicher sein, verwöhnt zu werden. Wenn die Eltern abends weg sind, ist die Oma der beliebteste Babysitter. Die Oma kann am besten kochen, der Opa hat immer Zeit, manchmal hat er sogar noch eine Modelleisenbahn. Außerdem sind Großeltern ziemlich großzügig: Mehr als ein Fünftel aller Großeltern unterstützt die Familie ihrer Kinder regelmäßig finanziell, und zwar über alle Einkommensklassen hinweg. Das Geld kommt vor allem den Enkeln zugute. Das hat der Berliner Wirtschaftswissenschaftler Gert Wagner herausgefunden, der deutsche Familien immer wieder zu ihrer Lebenssituation befragt und dabei erhebt, was sich über die Jahre hinweg verändert – und was stabil bleibt. Mit am stabilsten bleibt die Hilfe der Großeltern für die Enkelgeneration, sowohl ideell als auch materiell.

Da ist es kein Wunder, dass die Großeltern in den Familien nach wie vor eine große Rolle spielen. Egal, ob man mit ihnen in einem Haus wohnt, ob sie in der Nähe oder weit entfernt sind. Die Großeltern sind oft genug der Fluchtpunkt der Kinder. Sie sind aber auch Eltern, Schwiegereltern, kritische Begleiter und fürsorgebedürftige Senioren. Das kann schwierig werden, zum Beispiel, wenn sie mit sehr festen Vorstellungen darüber anreisen, wie der Aufenthalt bei den Enkeln auszusehen hat.

»Dürfen wir den Großeltern auch einmal ein Weihnachtsfest ohne die Enkel zumuten?«, fragt Caroline, die es einfach satt hat, jedes Jahr die ganz große Sause für ihre Eltern, ihre Schwiegereltern, ihre Geschwister und die Geschwister ihres Mannes samt Kindern auszurichten. Einmal Weihnachten ohne Zwang! – Denn Weihnachten bisher, das musste genau so sein, wie es sich die Großeltern wünschen. Sarah Pauls, Redakteurin des Internetportals »Netmoms«, findet das falsch. Sie weiß, dass die Enkel sich in der Regel nicht an den – möglicherweise verschrobenen – Vorstellungen der Älteren, wie beispielsweise Weihnachten zu sein hat, stören. Pauls rät deshalb zu einem Kompromiss, denn Oma und Opa an Weihnachten einfach auszusperren, das tut man nicht. Schließlich würden die Enkel am meisten darunter leiden. Denn sie lieben ihre Großeltern so, wie sie auch ihre Eltern lieben: bedingungslos. Die Kritik der Enkel entwickelt sich erst später, und sie ist in aller Regel viel nachsichtiger als die an den eigenen Eltern. Der Hauptkritikpunkt lautet dann meistens: Oma und Opa sind altmodisch. Das ist nicht immer so, aber oft. Die »altmodischen« Großeltern möchten gern, dass man sich das Richtige zu Weihnachten wünscht, sie hätten gern ein Dankeschön für ihre Gaben, und außerdem halten sie Dinge für gefährlich, die jüngere Menschen für ganz alltäglich halten. Es ist also nicht immer ganz einfach, ein Enkel zu sein. Genauso schwierig ist es, eine ordentliche Großmutter oder ein ordentlicher Großvater zu sein.

Eine Frau, die das geschafft hat, ist Ingrid Biedenkopf. Sie ist die Frau des früheren sächsischen Ministerpräsidenten Kurt Biedenkopf, beide haben klare Grundsätze und zahlreiche Enkel. Wir dachten, dass sie die Richtige sein könnte, um ein paar Fragen im Bermuda-Dreieck von Kindern, Eltern und Großeltern zu klären. Zum Beispiel die folgende Frage:

? »Mein Sohn hat gestern angerufen, um die Weihnachtswünsche unserer Enkel zu übermitteln. Nun haben wir uns ja schon damit abgefunden, dass die Kinder keine Wunschzettel an uns schicken. Aber dass wir Computerspiele schenken sollen, finde ich doch allerhand. Mein Vorschlag, doch lieber ein paar Buchtitel auszusuchen, die den Kindern Freude machen, wurde mit dem Hinweis abgelehnt, wir müssten halt überlegen, ob wir den Kindern ein Geschenk machen oder ob wir sie zu Weihnachten erziehen wollten. Tut man das – etwas schenken, das den Familienfrieden sichert, aber den eigenen Vorstellungen nicht entspricht?«

! Ingrid Biedenkopf:
»Weihnachten ist ein Fest der Liebe und sollte nicht als Plattform für Erziehungsmaßnahmen genutzt werden. Wenn sich ein Kind von ganzem Herzen ein neues Computerspiel wünscht, würde ich mich nicht einmal von meiner persönlichen Meinung zum Sinn dieser Spiele davon abhalten lassen, es ihm auch zu schenken. Ich würde eher versuchen, auf sanftere Weise das Bedürfnis des Kindes und meine Intentionen unter einen Hut zu bringen. Zum Beispiel, indem ich erstens auf die Qualität des Spiels achte (es gibt durchaus auch Computerspiele, die eben spielerisch etwas Sinnvolles vermitteln) und zweitens dazu ein

gutes Buch schenke. Wichtig ist es auch, mit den Kindern über das, womit sie sich beschäftigen, zu sprechen, Interesse an dem zu signalisieren, was ihre Welt ist und mit ihnen gemeinsam Regeln aufzustellen. Die meisten Kinder kommen gut damit zurecht, eine zeitliche Grenze bei der Nutzung ihres Computers einzuhalten. Und damit verlieren viele Dinge, die uns Erwachsenen fremd sind, schnell ihren Schrecken. Ein Kind vor seinen Freunden dumm dastehen zu lassen, weil es nie richtig mitreden kann? Nein, das tut man nicht. Hier heißt es, einen Schritt zurückzutreten, mit Verständnis zu reagieren und zu versuchen, darauf aufzubauen.«

Ingrid Biedenkopf ist eine kluge Frau. Sie weiß, dass Großeltern schlecht beraten sind, wenn sie versuchen wollen, tatsächliche oder vermutete Erziehungs- oder Bildungsdefizite auszugleichen. Oma und Opa sind bei Kindern ja deshalb so gefragt, weil sie in der Regel nicht in das tägliche Getümmel von Erziehung, Hausaufgaben, Grenzen und Freiheit verwickelt sind. Sie können »einen Schritt zurücktreten« und den Kindern möglicherweise auch die Wünsche erfüllen, für die die Eltern nicht zur Verfügung stehen. Das ist eine Herausforderung, zumal dann, wenn man selbst fest gefügte Vorstellungen von dem hat, was Kinder tun und was sie lassen sollten.

Ein bisschen beleidigt klingt die Frage natürlich schon, nach dem Motto: Da wird schnöde der Bestellzettel zu Weihnachten übermittelt, und wir sollen über jedes Stöckchen hüpfen, das man uns hinhält. Dennoch müssen Großeltern akzeptieren, dass die wohlerzogene, Klavier spielende Enkelin im Faltenrock als nahezu ausgestorben gelten muss. Wenn man ihr nachtrauert, wird man sich schwer tun, die eigenen Enkel mit der Liebe und Zuwendung zu akzeptieren, die sie verdienen. Ingrid Biedenkopf schreibt, dass Dinge, »die uns fremd sind« – im Fall der Großeltern sind das vielleicht Computerspiele – ihren Schrecken verlieren können. Wenn das gelingt, verlieren die Dinge, die vielen älteren Menschen vertraut sind – gute Bücher, das Beherrschen eines klassischen Instruments, Wunschzettel und Bedanke-mich-Karten – keineswegs an Bedeutung. Aber sie sind nicht der alleinige Maßstab für das Verhältnis von Großeltern und Enkeln. Im Gegenteil: Wenn Kinder erfahren, dass die Großeltern ihre Wünsche gelegentlich auch dann erfüllen, wenn sie selbst nicht von ihnen überzeugt sind, nehmen sie vielleicht auch einmal das mitgeschickte Buch in die Hand.

Es hat keinen Sinn, gegen die Eltern zu erziehen. Mit den Eltern zusammen dagegen kann es gutgehen. Oft nehmen die Enkel einen Rat oder Hinweis der Großeltern auch eher an als von den Eltern. Gerade wenn sich die Älteren im Großen und Ganzen aus dem täglichen Geschäft heraushalten (können), haben ihre Ansichten besonderes Gewicht. Die Haltung entscheidet: Wer sich als liebevoller und neutraler Ratgeber anbieten kann, hat bei Eltern und Enkeln gute Karten. Das heißt natürlich nicht, dass man die eigenen Ansichten über Bord werfen muss. Man muss nur lernen, sie anders zu gewichten als in der Erziehung der eigenen Kinder. Gelegentlich sind die Erziehungsmethoden und Ansichten der erwachsenen Kinder vielleicht ja auch ein leiser Hinweis darauf, was sie bei ihrer eigenen Erziehung gestört hat.

Ich bin zwölf – muss ich in den Ferien immer noch zur Oma?

Dass sich die Leidenschaft von Enkelkindern für ausführliche Ferienbesuche bei ihren Großeltern mit der Zeit legen kann, ist bedauerlich. Aber es ist nicht zu ändern. Je älter die Kinder – und die Großeltern – werden, desto eher begnügt sich das Kind auch mal mit einem Wochenende bei den Großeltern und verbringt seine Sommerferien lieber mit gleichaltrigen Freunden. Machen wir uns nichts vor: Für die Eltern ist es die angenehmste Variante, wenn die Kinder einen Teil der Ferien bei Oma und Opa verbringen. Dann wissen sie den Nachwuchs gut aufgehoben, sehen die Familienbande gestärkt und wissen, dass die Großeltern auch ihr Vergnügen mit den Enkelkindern haben.

Was passiert aber, wenn das so nicht mehr geht? Patrick hat die Besuche bei Oma und Opa schon länger satt. Er ist zwölf und seine Eltern sind berufstätig. Seine Ferien hat er bisher vor allem bei den Eltern seiner Mutter verlebt. Bei den Großeltern gibt es keinen Computer, schon gar keine Computerspiele. Fernsehen ist auch eher verpönt. Dass er schon wieder die Osterferien dort verbringen soll, stinkt ihm gewaltig. Er würde lieber in der vertrauten Umgebung bleiben und seine Freunde treffen. Zumal die Mutter keineswegs versucht, ihm die Sache schmackhaft zu machen. Sie begründet den unerwünschten Ferienaufenthalt nur damit, dass die Großeltern gekränkt wären, wenn er nicht mehr käme.

Sicher ist es richtig, Jugendliche von Zeit zu Zeit daran zu erinnern, dass Familie keine Einbahnstraße ist. Auch sie tragen Verantwortung, auch sie müssen lernen, Rücksicht auf andere Familienmitglieder und die ältere Generation zu nehmen. Aber ist ein mehrtägiger Zwangsaufenthalt im Retro-Haushalt von Oma und Opa das richtige Lernprojekt dafür? Auf keinen Fall, sagt Inge Kloepfer, die sich der Frage angenommen hat. Sie ist der Meinung, dass Zwölfjährige natürlich ein Recht haben, ihre Feriengestaltung mitzubestimmen. Wenn es keinen Betreuungsnotstand zu Hause gibt, müssten die Eltern sich damit abfinden, dass Zwölfjährige andere Prioritäten haben als sie selbst.

Je stärker Großeltern in die alltägliche Betreuung ihrer Enkel eingebunden sind – je traditioneller die Familie also noch ist – desto geringer sind natürlich die Spielräume für das Handeln außer Konkurrenz. Wenn die Oma täglich die Hausaufgaben kontrolliert, wird sie seltener einmal ein Auge zudrücken können. Ist der Opa für Fahr- und Bringdienste zum Fußballtraining verantwortlich, wird er sich mit den Lustlosigkeiten des Enkels konsequenter auseinandersetzen als er es tun würde, wenn er nur ab und zu einspringt. Genauso ist es mit dem Ferienbeispiel: Ginge es nur darum, Oma und Opa zu besuchen, wäre das für Patrick vermutlich kein Problem. Er hat aber den Verdacht, dass die Eltern ihn in den Ferien loshaben wollen. Auch hier werden die Großeltern statt Ferienbetreuung gebucht – und schon sinkt der Beliebtheitsgrad gelegentlich gewaltig.

Das ist natürlich nicht ausschlaggebend für die Frage, ob sich Großeltern an der Betreuung ihrer Enkel beteiligen wollen oder sollen. Und doch sollten alle Generationen darüber nachdenken: Wer vermeiden will, dass sich die eigenen Eltern in die Angelegenheiten der Kernfamilie einmischen, sollte es sich beispielsweise zweimal überlegen, bevor er sie bittet, sich regelmäßig um die Enkel zu kümmern. Verbindliche Hilfe zieht in aller Regel auch Einmischung nach sich. Und die muss man vertragen.

VIII. Wenn die Eltern alt werden – Wer will schon ins Heim?

Das Familienleben hört nicht auf, wenn die Kinder groß und aus dem Haus sind. Es beginnt wieder, wenn die Eltern, im wahrsten Sinn des Wortes, wieder klein werden – und nun ins Haus ihrer Kinder einziehen wollen. Dazwischen liegt eine Phase, die vielleicht mehr noch als die Kindheit bestimmt, wie das Verhältnis zwischen den erwachsenen Kindern und den alten Eltern sein wird: Denn Eltern und Schwiegereltern sind immer präsent. Egal, ob sie in der Nähe wohnen oder im selben Haus, ob ein regelmäßiger Kontakt besteht oder nicht. Der freiwillige, erkämpfte oder erzwungene Abstand bleibt trotz allem einer der wichtigsten Maßstäbe fürs eigene Leben. Selbst erwachsene Kinder, die alles ablehnen, was ihnen die Eltern mitgeben wollten, erleben gerade diese Ablehnung als ständige Aufforderung, es anders zu machen, anders zu sein. Den meisten gelingt es, ein gelassenes und liebevolles Verhältnis zu ihren Eltern zu pflegen. Mit den Schwiegereltern ist das manchmal schon komplizierter – vor allem, wenn es um die Elterngeneration und ihr Altwerden geht. Die meisten Kinder wollen, dass es ihren Eltern gutgeht. Sie möchten, dass sie sich wohlfühlen, dass sie gelassen und gesund alt werden können. Sie sind auch bereit, viel dafür zu tun, dass es so kommt. Wenn es trotzdem nicht gelingt, fühlen auch sie sich schlecht.

Wir werden gelegentlich eingeladen, vor Trägern und

Angestellten von Seniorenbetreuungseinrichtungen über Werte und unsere Homepage »Das tut man nicht.de« zu referieren und zu diskutieren. Da sitzen dann Schwestern und Pfleger, Ärzte und Geschäftsführerinnen und fragen sich, warum sie ein so schlechtes Ansehen haben. Sie lesen die Fragen und die Antworten unserer Nutzer und finden das wieder, was ihnen auch in der täglichen Arbeit begegnet: Angehörige sind unglücklich darüber, wie ihre Eltern und Großeltern im Heim leben müssen. Sie sind entsetzt, wenn sie den Eindruck bekommen, dass trotz der hohen Kosten niemand wirklich für die alten Leute und ihre Nöte da ist. Ein Chefarzt sagte uns einmal: »Sehen Sie, die meisten alten Menschen kommen zu uns ins Heim, weil die Angehörigen es zu Hause nicht mehr schaffen. Dann stehen dieselben Angehörigen vor uns und werfen uns vor, dass wir es manchmal auch nicht zu 100 Prozent schaffen. Es sind die Schuldgefühle von Töchtern und Söhnen, die bei uns manchmal aggressiv abgeladen werden.« Eine Pflegerin sagte in einem solchen Gespräch: »Es ist eben einfacher, über die Pflege von Angehörigen zu reden, als sie selbst zu leisten. Manchmal habe ich das Gefühl, dass das Reden und Anklagen der Ersatz dafür sind.«

Führungskräfte und Mitarbeiter in Alten- und Pflegeheimen sind sich dessen bewusst, dass sie nicht alles perfekt hinbekommen. Manche reden auch sehr offen über die Defizite im Pflegebereich. In den meisten Betreuungseinrichtungen arbeiten Menschen, die ihren Beruf ernst nehmen, und sich bemühen, der Verantwortung, dem Fürsorgeauftrag gerecht zu werden. Doch sehen sie sich oft aus den falschen Motiven heraus kritisiert. Bei ihnen würden die Schuldgefühle der Familien abgeladen – je größer die seien, desto aggressiver würde verlangt, dass die Oma jeden Abend einen Fliederblütentee bekommen muss, damit sie schlafen kann. Und dass sie den hartnäckig angebotenen Hagebuttentee schon immer gehasst hat.

Dabei wird in den Familien gelegentlich schon einmal verdrängt, dass Hagebutten oder Fliederblüten auch im eigenen Haushalt zum Kriegsgebiet werden können. Wenn die Oma nämlich abends immer den Fliederblütentee haben muss, dann ist es für die Schwiegertochter auch nicht immer die reine Freude, den Extraaufwand dafür zu betreiben, der der Pflegekraft im Altenheim wie selbstverständlich abverlangt wird. Denn auch das Leben mehrerer Generationen unter einem Dach ist keineswegs spannungsfrei. Auch hier werden Erwartungen enttäuscht, auch hier gibt es unterschiedliche Auffassungen über das, was zu tun ist und wann es zu tun ist.

Eine unserer Freundinnen hat eine Schwiegermutter, die in den Anfangsjahren der Ehe bei jedem Besuch erst einmal ihre Wohnung durchputzte. Noch im Mantel wurde zum Besen gegriffen, geschrubbt und gewischt, bevor die Besucherin dazu zu überreden war, sich hinzusetzen und einen Kaffee zu trinken. Meine Freundin hatte schon nach den ersten Besuchsstunden das Gefühl, die überflüssige, faule und überdies auch noch schlampige Gefährtin des Sohnes zu sein. Für sie drückte das Verhalten der Schwiegermutter aus, dass es ihrem Sohn bei seiner Frau schlecht geht, wenn nicht die Mutter gelegentlich nach dem Rechten schaut. Gewürzt mit scheinverständnisvollen Bemerkungen wie »Ihr habt ja auch so viel zu tun mit den beiden Jobs, da kommt man eben nicht mehr zum Aufräumen«, feudelte die Sohnmutter durch die Wohnung, putzte Fenster, trennte Müll, kaufte Balkonblumen und »scharfe Reinigungsmittel«. Eine einzige, ständige Anklage, so nahm unsere Freundin das wahr. Normalerweise kam es nach zwei Tagen zum Knall, bei dem die Schwiegermutter völlig aufgelöst beteuerte, doch nur helfen zu wollen. Schließlich zog sich die eine beleidigt ins Schlafzimmer zurück, das nun überall mit sorgfältig gebügelten Blusen auf Kleiderbügeln dekoriert war. Die andere hockte auf dem Sofa im Wohnzimmer und spürte verschämt, aber mit trotzig vorgeschobenem Unterkiefer, ein paar verstreuten Kekskrümeln nach. Die Krümel waren das letzte Zeugnis aus der Zeit, in der das Leben zwischen den beiden jungen Leuten noch schön, schlampig und entspannt war.

Bis zur Entkrampfung des Verhältnisses dauerte es Jahre. Erst, als die alte Dame zu schlapp und zu schwachsichtig zum Putzen war, fanden die Ältere und die Jüngere zu einem nahezu freundschaftlichen Verhältnis. Die Mutter des Sohnes, inzwischen Oma, kümmerte sich sowieso am liebsten um den kleinen Enkel. Über dessen Krümeleien konnte sie großzügig hinwegsehen. Die Schwiegertochter bekam ihr Haus, ihren Haushalt zurück. Die letzten Jahre ihres Lebens verbrachte die alte Dame im Haus der Schwiegertochter. Das war eine anstrengende aber merkwürdigerweise auch konfliktarme Zeit.

Mit der Hilflosigkeit der alten Frau ließ sich die Hierarchie wiederherstellen. Die Schwiegertochter war die Herrin im Haus – und darum war es offensichtlich in all den Jahren zuvor auch gegangen.

Heute fragt sich unsere Freundin, ob das nötig war. Sie zerbricht sich den Kopf darüber, warum sie in den Jahren zuvor nicht in der Lage war, gelassen und freundlich zu bleiben. Warum ihr das erst gelang, als ihre eigene Rolle in der Familie nicht mehr infrage gestellt wurde. Nun ist es hinterher immer leichter, das eigene Verhalten zu bereuen.

Doch in diesem Fall erfuhr unsere Freundin erst so nach und nach, mit wem sie es da überhaupt zu tun hatte. Ihre Schwiegermutter hatte selbst mit ihren Eltern und Schwiegereltern im selben Haus gelebt – nach einer strengen Rangordnung: Zuerst hatten die Schwiegereltern das Sagen (ihnen gehörte das Haus), dann die Eltern (ihnen schuldete die Tochter Respekt). Dann erst kamen die Bedürfnisse ihrer eigenen Familie. Der Mann unserer Freundin kannte es nicht anders. Er war daran gewohnt, dass die Herrschaftsverhältnisse immer wieder neu verhandelt wurden. Wenn es der Großmutter nicht sauber genug war im Haus, hatte sie immer wutentbrannt den Putzlappen ergriffen und so lange geputzt, bis die säumige Schwiegertochter seufzend nach dem Staubsauger griff. Kein Wunder, dass sie das in die nächste Generation weitergetragen hat. Als sie selbst Schwiegermutter wurde, war sie »endlich einmal dran«. Genau wie ihre Schwiegereltern und Eltern aber räumte sie den Posten, als sie hilfsbedürftig wurde.

Unsere Freundin und ihre Schwiegermutter haben im letzten Moment die Kurve bekommen: »Hätte sie sich Jahre zuvor ein Bein gebrochen, ich wäre nicht bereit gewesen, sie bei uns aufzunehmen.«

Genau das aber sind die Fälle, die auf »Das tut man nicht.de« diskutiert werden. Was muss man als anständiger Mensch tun, wenn die Eltern oder Schwiegereltern nicht mehr alleine leben können – und wenn es, aus welchen Gründen auch immer, nicht möglich ist, die Eltern aufzunehmen? Kann man den alten Eltern, die in der Erwartung sind, in den Haushalt der Kinder einziehen zu können, die Aufnahme verweigern? Wo sind die Grenzen der eigenen Verantwortung?

Die Rundfunkpfarrerin des Südwestrundfunks, Lucie Panzer, würde auch in einem solchen Fall für eine selbstbewusste Entscheidung plädieren: »Dann wird der Mann Vater und Mutter verlassen und sich an seine Frau binden«, heiße es schon in der Bibel (Matthäus 19,3). Und das bedeute nichts anderes, als dass man zwar Verantwortung für die Eltern übernehmen müsse, aber nicht um jeden Preis. Die Kinder – auch die Schwiegerkinder – entscheiden selbst über das Verhältnis von Nähe und Distanz. Sie müssen sich einig werden. So wird der Konflikt mit der Schwiegertochter schnell zu einer Herausforderung für die Beziehung der beiden Partner. Wenn der Sohn sich seiner Mutter stärker verpflichtet fühlt als der eigenen Frau, kracht es. Und zwar nicht nur in dem ewigen Zank zwischen Schwiegermutter und -tochter. Auch die Beziehung zwischen den Partnern ist dann einer Belastungsprobe ausgesetzt. Wenn der Sohn der Mutter beispielsweise versprochen hat, dass sie bei ihm wohnen kann. – Ob und wie man sich in diesem Spannungsfeld schlägt, sagt viel aus über die eigene Ehe, die eigene Beziehung.

Und wenn es nicht geht: Muss ich dann in ein Heim?

»Wohin mit Vater?« ist der Titel eines Buchs, das ein Kollege von uns geschrieben hat. Er wurde – wie die ganze Familie – vom plötzlichen Tod der Mutter überrascht. Vorher waren alle stillschweigend davon ausgegangen, dass die Mutter sich weiter um den zunehmend schwerfälligeren und pflegebedürftigen Vater kümmern würde. Vielleicht würden die beiden Hilfe brauchen – aber die

Geschwister waren sich einig darüber, dass die Eltern so lange wie möglich im eigenen Haus leben sollten, dass es ihnen nach Möglichkeit an nichts fehlen solle. Und dass sie auf keinen Fall in ein Altenheim müssten.

Nach dem Tod der Mutter aber begann eine Odyssee. Alles geriet ins Wanken, auch das Versprechen, dass ein Heim überhaupt nicht infrage komme. Der Sohn beschreibt, wie sich die Geschwister, die weit entfernt vom Wohnort der Eltern leben und arbeiten, Pflegeheime ansehen. Er beschreibt, wie sie den Vater kurzzeitig dort unterbringen. Er schildert die Gewissensbisse, die die Geschwister haben. Sie versuchen, sich die Sache schönzureden. Vielleicht findet der alte Vater ja Anschluss in einem Heim. Vielleicht fühlt er sich sogar wohl? Sie glauben es selber nicht. Die Zustände in den Häusern, die sie kennenlernen, erleben sie als katastrophal. Sie versuchen es mit ambulanter Pflege – und stellen schnell fest, dass das die Vermögensverhältnisse des Vaters und die eigenen finanziellen Möglichkeiten sprengt.

Die Geschichte geht gut aus, einerseits. Die Geschwister finden eine polnische Krankenpflegerin, die sich rund um die Uhr um den Vater kümmert. Doch die Frau arbeitet natürlich nicht legal in Deutschland. Sie arbeitet schwarz. Die Familie hat das eine moralische Problem – wohin mit Vater? – gegen ein anderes getauscht – sie beschäftigen nun illegal eine Pflegekraft in Deutschland. In diesem Fall hätte wahrscheinlich jeder Verständnis für diese Entscheidung: Der alte Herr lebt wieder zu Hause, es geht ihm gut, manchmal haben die Geschwister sogar den Eindruck, dass es ihm besser geht als zuvor. Und doch ist es bitter: Viele Familien müssen sich für illegale Lösungen entscheiden, weil ihnen niemand hilft, wenn es um die angemessene Pflege und Unterbringung der nächsten Verwandten geht.

Dabei ist die Pflege der alten Eltern eine Geschichte der Überforderung, denn es sind ja häufig nicht die jungen und belastbaren Angehörigen, die sich um die alten Eltern kümmern. Meist sind die Kinder selbst schon im Rentenalter oder kurz davor, wenn die eigenen Eltern zu Pflegefällen werden. Dann haben sie zwar in der Regel weniger eigene Verpflichtungen aber die Pflege ihrer Eltern fällt ihnen allein körperlich oft schwer.

Es gibt natürlich auch viele gut geführte Häuser. Oft ist ein Heim die bessere Alternative, als den Söhnen und Töchtern auf die Pelle zu rücken. Doch wünschen tut sich das kaum jemand. Deshalb sorgen viele ältere Menschen vor. Sie machen – geschriebene oder ungeschriebene – Verträge mit den Jüngeren. Dafür, dass sie in ihrer gesunden und aktiven Zeit für die Familie, die Kinder und die Enkel da sind, erhoffen sie Hilfe und Unterstützung, wenn es ihnen nicht mehr so gutgeht. Meist ist das lediglich ein Anspruch, manchmal aber steht auch eine Geldleistung dafür – etwa die Beteiligung an einem Bauvorhaben der Jüngeren –, dass es ein lebenslanges Wohnrecht, Pflege oder Betreuung gibt. Jenseits der Frage der rechtlichen Verbindlichkeit solcher Vereinbarungen steht die Frage nach Forderung oder Überforderung der Angehörigen. Hier stoßen viele an ihre Grenzen. Man redet nicht gern darüber, aber man fragt. Zum Beispiel, wann es o.k. ist, entgegen der Verabredungen oder Erwartungen des anderen zu handeln. Wir haben Inge Jens gebeten, diese Frage für uns zu beantworten.

?

«Meine Mutter bewohnt eine Einliegerwohnung in unserem Haus. Früher hatte ich ihr immer versprochen, sie im Alter zu pflegen. Bei der Finanzierung unseres Hauses hat sie uns deshalb stark unterstützt. Seit einem Jahr leidet sie an Demenz und die Verantwortung für sie überfordert mich, obwohl wir von einem Pflegedienst unterstützt werden. Ich bin verzweifelt und würde meine Mutter am liebsten in ein Heim geben, obwohl sie das nie wollte. Tut man das?«

!

Inge Jens:

»Ich denke, die Frage, ob ›man‹ seine Mutter ins Heim gibt, ist wenig hilfreich. Fragen Sie sich vielmehr, ob Sie bei der häuslichen Pflege bereits alle Möglichkeiten bedacht haben, andere Hilfsquellen außer den eigenen physischen und psychischen Kräften zu mobilisieren. Dass ein Pflegedienst bei Demenzkranken von geringem Nutzen ist, gilt inzwischen als gesichert. Die Pflegepersonen wechseln viel zu häufig, so dass Kontinuität und Gleichartigkeit nicht gewährleistet sind. Die konkrete Frage sollte deshalb lauten: ist es möglich, einen oder zwei Menschen zu finden (und zu bezahlen), die eine ausreichende Versorgung zu Hause sicherstellen, ohne Sie zu überfordern? Dabei ist das Kriterium nicht die eigene Verzweiflung, sondern die physische Kraft, die man zu einer Pflege nun einmal benötigt. Mit der Verzweiflung umzugehen, kann man lernen, die physische Kraft hingegen muss einem zur Verfügung stehen, obwohl man sich vieles für den ›richtigen‹ Umgang mit der Kranken aneignen kann. Wie denn auch die Bereitschaft, unkonventionelle Lösungen mit zu bedenken, selbst wenn sie zunächst eher belastend als hilfreich wirken, erlernbar ist. Als hauptsächlich belastete Pflegeperson müssen Sie sich klarmachen, dass weder Ihrer Mutter noch Ihnen selbst geholfen ist, wenn Sie sich überfordern und gar zusammenbrechen. Verantwortung umfasst nicht nur den Bereich der physischen Versorgung, sondern auch den der Realität entsprechenden, planenden Überlegung. Um da den rechten Weg zu finden, sollten Sie den Mut haben, zumindest mit Freunden offen über das Problem zu sprechen und eventuell auch für sich selbst professionelle Beratung in Anspruch zu nehmen von Menschen, die Ihre konkrete Situation und Ihr soziales Umfeld kennen. Erschweren Sie sich Ihre Entscheidungsfindung nicht durch den Blick auf das unvermeidliche Gerede im näheren und weiteren sozialen Umfeld. Im Vordergrund steht eine für alle Beteiligten sinnvolle und notwendige Entscheidung. Heim ist nicht gleich Heim. Sich hier kundig zu machen, gehört auch zu einer verantwortungsbewussten Pflege. Und das können nicht nur Sie und ich, das kann sogar ›man‹ tun.«

Inge Jens, seit Jahrzehnten verheiratet mit dem Philosophen Walter Jens, stand immer etwas im Schatten ihres berühmten Mannes. Nun leidet Walter Jens an einer Demenzerkrankung. Und Inge Jens hat ein Buch über ihre Erfahrungen geschrieben. Sie beschreibt mit welchen Enttäuschungen Angehörige fertig werden müssen, wenn sich der Partner oder die Mutter als die Person verabschiedet hat, als die man ihn oder sie geliebt hat. Sie beschreibt auch, welche Kraft – physisch und psychisch – man braucht, um einen Kranken zu begleiten. Sie hat Erfahrung – und die teilt sie mit. Inge Jens rät, den Blickwinkel zu verändern. Nicht die früher gegebene Zusage steht im Mittelpunkt der Überlegungen, sondern die Kraft der Tochter, angemessen für ihre Mutter sorgen zu können. Dazu entkleidet Inge Jens die Frage zunächst einmal all ihrer emotionalen Tiefe: Man kann lernen, mit seiner Verzweiflung umzugehen. Ist aber die Frage erst einmal auf das reduziert, worauf es ankommt – die körperliche Kraft der Tochter – verliert sie viel von ihrem Schrecken. »Niemandem ist geholfen, wenn Sie sich überfordern«, das ist kein Freifahrschein, sich aus einmal gegebenen Versprechen zu stehlen. Es ist eine Herausforderung: sich ehrlich zu fragen, was man kann und was man nicht kann. Seine Freunde zu Rat zu ziehen. Und dann zu entscheiden. Die Frage nach der Moral stellt sich immer noch. Doch sie wird durch Hilfsentscheidungen leichter. Wenn ich es körperlich nicht schaffe, mich um meine Mutter zu kümmern und wenn ich keine angemessene Hilfe finde, dann kann ich es anders machen als früher einmal vereinbart. Den wohlfeilen Ausweg aus einem solchen Dilemma gibt es nicht, das Gefühl, der eigenen Mutter gegenüber etwas versäumt zu haben, bleibt.

Hans, ein älterer Mann, will sich um seine alte Mutter kümmern. Er ist der einzige in der Familie, der dafür infrage kommt, und er ist auch gerne bereit dazu. »Ich habe meine Mutter sehr gern«, schreibt er. Doch Hans wurde in einer Zeit und in einer Familie groß, in der man nicht einmal nackt durch die Wohnung ging. Hans hat seine Eltern nie unbekleidet gesehen. Jetzt, er ist selbst im Rentenalter, holt ihn die konservative Erziehung wieder ein. Allein die Vorstellung, seine Mutter zu pflegen und sie dabei nackt zu sehen, jagt ihm Angst ein. Er ist nicht sicher, ob er es schafft, seinen Widerwillen zu überwinden. Am Anfang fragt er noch ganz forsch »Brauche ich eine Psychotherapie?« Ganz so, als ob man einen Hebel umlegen könnte, und dann fällt einem leicht, was vorher kaum überwindbar erschien.

Die Frankfurter Psychotherapeutin Irmgard Betzler will sich in der Frage des Therapiebedarfs gar nicht festlegen. Sie sagt, dass man kein guter Pfleger für seine Angehörigen sein kann, wenn man das nur widerwillig und mit innerer Abscheu tut. Deshalb empfiehlt sie Pflegedienste und externe Hilfe – sie rät, dem möglichen Konflikt auszuweichen und anderen die Aufgabe zu übertragen, die körperliche Pflege der Mutter zu übernehmen.

Hans könnte mit dieser Antwort zufrieden sein. Er ist es aber nicht. Ihm geht es gar nicht darum, ein guter oder schlechter Sohn zu sein. Bei seinem bereits verstorbenen Vater hätte er keine Probleme bei der Vorstellung gehabt, ihn zu pflegen. Hans glaubt, dass Söhne in seinem Alter ihre Hemmungen aus der traditionell-konservativen Erziehung der fünfziger Jahre mitgebracht haben. Eine Erziehung, die sie ihr Leben lang geprägt hat und die sie nun aus eigener Kraft nicht mehr loswerden – auch wenn sie gerne würden.

Wie viele ältere Frauen und Männer, die sich um ihre hochbetagten Eltern kümmern wollen, entkommt auch Hans dem Rollenwechsel von Kind- und Fürsorgeverhältnis nicht. Dass die Jetztzeit ihnen Entscheidungen und Einstellungswandel abverlangt, auf die sie nicht vorbereitet sind, ist schon in alltäglichen Dingen eine Herausforderung. Die Pflege der eigenen Mutter aber ist keine Alltagsentscheidung. Sie ist eine Lebensentscheidung. Irmgard

Betzler sagt, dass man seinen Widerwillen nicht verbergen kann, wenn man es wirklich ernst und liebevoll mit den alten Angehörigen meint. Und dass es für die alte Mutter auch leichter sein kann, wenn man sich helfen lässt.

Die pragmatische Lösung hilft der Mutter. Aber sie befreit Hans nicht von dem Gefühl, ein defizitärer Mensch zu sein. Er würde ja gern – aber er kann nicht. Er bittet andere Männer in seiner Altersklasse um Rat. Helmut pflichtet ihm bei. Auch er, Anfang 50, mache sich Gedanken darüber, wie er sich um seine Eltern kümmern kann, wenn die einmal pflegebedürftig werden. Bei der Pflege seiner eigenen, schwer kranken Frau, habe er sich helfen lassen. Er habe es nicht als Problem empfunden, dass die tägliche Körperpflege von einer dritten Person übernommen wurde. Es gehe doch nicht um ein mögliches persönliches Defizit. Sondern um die Frage, ob man selbst und die Person, die man pflegt, sich wohlfühlten. »Meiner Mutter wäre es sehr unangenehm, wenn ich sie nackt sehen würde. Für sie wäre das sehr schlimm, und für mich wäre es nicht leicht, denn auch ich gehöre zu der Generation derer, die die Eltern eigentlich nie nackt gesehen haben. Das hat aber nichts mit Abscheu zu tun. Ich selbst bin 51 Jahre alt und habe zwei erwachsene Söhne. Und ganz ehrlich: Obwohl wir unsere Kinder offen erzogen haben, würde ich nicht von ihnen gepflegt, gewaschen und gewindelt werden wollen.«

Helmut sagt, mit der Erfahrung aus der Pflegezeit seiner Frau, dass es ohnehin kaum jemanden gebe, der die Pflege eines schwer kranken oder pflegebedürftigen Menschen ganz alleine übernehme. Wenn man das Zusammenleben aber mit dem Ziel organisiere, dass sich alle Beteiligten nach ihren Möglichkeiten wohl mit der Situation fühlen sollen, sei es nur vernünftig, sich Hilfe für die Aufgaben zu holen, bei denen man sich selbst nicht wohlfühle.

Vielleicht hilft zum Abschluss noch einmal ein Blick auf die Antwort des Medizinethikers Hans-Martin Sass auf die Frage, ob man einer Freundin zum Schwangerschaftsabbruch raten darf. Sass hat geschrieben, dass man, wie überall im Leben, auch in ethischen und moralischen Fragen Fehler machen darf, die man später bereut. Genauso wie bei der Kindererziehung fallen den meisten Menschen, die alte Angehörige betreuen, jeden Abend eine Menge Fehler ein, die sie gemacht haben. Wie überall im Leben kann und muss man vielleicht auch im Umgang mit pflegebedürftigen Angehörigen lernen, sich mit den eigenen Unzulänglichkeiten und Unvollkommenheiten zu arrangieren. Warum könnte beispielsweise Hans vermutlich ganz gut damit leben, wenn er für Reparaturarbeiten im Haus einen Fachmann kommen lassen müsste, wenn ihm die Heimwerkerei nicht läge? Weil man sich nur dann gut helfen lassen kann, wenn man akzeptiert hat, dass man bestimmte Dinge nicht gut kann. Gelassenheit und Großzügigkeit, nicht nur den Angehörigen, sondern auch sich selbst gegenüber, machen es leichter, Angehörige zu pflegen und zu betreuen. Und sie erhöhen die Wahrscheinlichkeit, dass man sich am Ende im Großen und Ganzen anständig und richtig verhalten hat. Auch wenn es im Einzelfall immer wieder knirscht.

IX. Sterben – Wie können wir darüber reden?

Tod und Sterben gehören schon lange nicht mehr zu den Themen, über die man nicht spricht. Im Gegenteil: In Deutschland wird offen über die ethischen Fragen der Sterbehilfe diskutiert, moderne Bestatter werben mit schrillen Beerdigungsutensilien, das Leiden und Sterben berühmter Persönlichkeiten beschäftigen eine ganze Gesellschaft.

Wer aber stirbt eigentlich? Wenn man die Sache genau betrachtet, reden wir meist über den Tod anderer, wir beschäftigen uns mit der Beerdigung unserer Verwandten, wir diskutieren, ob das Leben eines schwer Erkrankten oder einer entfernten Bekannten im Heim noch lebenswürdig ist oder nicht. Bei aller Nähe – die Auseinandersetzung mit dem eigenen Tod halten wir ein Stück von uns weg, solange es geht. Das ist mehr als vernünftig. Es hält uns den Tod noch ein bisschen vom Leib.

Was allerdings den Schmerz nicht relativiert, wenn enge Angehörige oder ein lieber Freund sterben. Manche Menschen überlegen sich insgeheim sehr genau, wie sie sterben wollen und wie die Beerdigung sein soll. Manche wollen mit dieser Art der Vorsorge ihre Familie entlasten, andere möchten über den eigenen Tod und die Beerdigung selbst bestimmen. Besonders da, wo es keine eingespielten und tradierten Rituale gibt, ist es nötig und wichtig, sich Gedanken zu machen.

Da ist Peter, ein junger Mann, der weiß, dass er bald sterben muss. Er ist schwer krank. Seine Eltern will er mit dem Thema nicht belasten. Er ahnt schon, was passieren wird, wenn er es ihnen sagt. Sie werden ihre Hilflosigkeit und ihre Wut über die Tatsache, dass ihr Sohn vor ihnen sterben wird, bei ihm abladen. Er wird seine Eltern trösten müssen, obwohl er selber es doch ist, der die größten Nöte auszustehen hat. Peter beschließt, die Eltern außen vor zu lassen. Gegen den Rat seiner Freunde. Die warnen ihn und sagen, dass seine Eltern einen Anspruch darauf haben, von seiner Krankheit zu wissen, sich von ihm verabschieden zu können und sich an den Gedanken zu gewöhnen, ihn nicht mehr zu haben. Auch Barbara John, die Vorsitzende des Paritätischen Wohlfahrtsverbandes Berlin, sieht das so: »Ich würde diese Situation vom Ende her denken. Was werden die Eltern fühlen, wenn ihr Sohn tatsächlich stirbt und sie erfahren, dass er viel Zeit hatte, sich ihnen anzuvertrauen? Müssen sie nicht glauben, dass das Eltern-Sohn-Verhältnis nicht stabil und vertrauensvoll genug war, auch die Schlimmste aller Nachrichten gemeinsam zu tragen? Das ist noch mal ein unendlich großer Schmerz, der wahrscheinlich tiefer geht als der Umgang mit der akuten Lage.«

Ein solcher Rat verlangt einem ohnehin schon in seiner gesamten Existenz erschütterten Kind unendlich viel ab. Peter soll sich der Situation stellen und den Eltern reinen Wein einschenken. Er soll also ihr Mitleid, ihre Trauer, ihre Verzweiflung und ihren Zorn auf das Schicksal noch erleben und ertragen müssen, um dann mit einem guten Gewissen sterben zu können? Auch in persönlichen Extremsituationen ethisch handeln zu müssen, ist eine fürchterliche Zumutung. Aber eine, die man wohl annehmen muss.

Wie aber ist es für den anderen? Den Partner, der einen Menschen begleitet und mit ihm lebt? Auch für ihn ist es eine Katastrophe, wenn der Partner schwer erkrankt ist und möglicherweise sterben muss. Auch er kämpft mit existenziellen Konflikten.

Erst recht, wenn es gar nicht um eine schwere körperliche Krankheit geht, die man immer noch als schicksalhaft begreifen kann. Was aber ist, wenn der Freund depressiv ist und damit droht, sich umzubringen – und wenn man selbst sich mit dieser Situation überfordert fühlt, wenn man die Beziehung nur noch als Schutz gegen den möglichen Suizid aufrechterhält?

Mein Freund ist selbstmordgefährdet – darf ich ihn trotzdem verlassen?

Ruth Belzner leitet die Telefonseelsorge in Würzburg. Sie kennt solche Fälle aus ihrer täglichen Arbeit. Und sie sagt: »Man sollte niemanden im Stich lassen, der Hilfe braucht und dem man selber helfen kann.« Das ist eine tiefe Erkenntnis ethischen Handelns: Auch wenn ich selbst für eine Situation nicht verantwortlich bin, so bin ich doch verantwortlich dafür, dass einem Hilfsbedürftigen geholfen wird. Das gilt beim Autounfall, an dem wir vorbeifahren, weil wir es eilig haben. Es stimmt für den Betrunkenen, der mit hochrotem Kopf in der prallen Sonne auf einmal zusammensackt. Und erst recht können unsere Freunde und Angehörigen von uns erwarten, dass wir ihnen helfen, wenn sie in Not sind. Doch darum geht es hier ja gar nicht. Es geht darum, ob man sich vor den Suizidabsichten des Partners in seinen eigenen Lebensentscheidungen bestimmen lässt. »Sie sind nicht die Lebensversicherung für Ihren Freund«, sagt Belzner.

Ein Freibrief ihn zu verlassen, ist das natürlich nicht. »Dass Ihr Freund wiederholt davon spricht, sich umzubringen, setzt Sie verständlicherweise sehr unter Druck. Und es kann – muss aber nicht – sein, dass Ihr Freund das auch mit beabsichtigt. Aber ob bewusst oder nicht: Mit diesem Druck hilft er weder sich noch tut er Ihrer Beziehung etwas Gutes. Man übernimmt in einer Beziehung Verantwortung füreinander, sorgt für den anderen, da wo er es gerade nicht kann – und soweit man es selber kann. Man kann aber als Partner oder Partnerin nicht die Verantwortung für den Lebenswillen des anderen übernehmen. Und man kann die Verantwortung für das eigene Leben auch nicht an den Partner oder die Partnerin abgeben.«

Belzner sagt sehr deutlich, wo die Verantwortung für den Partner liegt. »Sie können ihn auf Hilfsmöglichkeiten hinweisen und ihm seine Verantwortung für sich lassen.« Manchmal stehe man sich mit dem eigenen Gewissen und den Schuldgefühlen auch so selbst im Weg, dass man gar nicht mehr erkennen könne, warum man den anderen eigentlich einmal geliebt hat. »Wenn Sie diesen Druck nicht mehr erleben, dann können Sie sehen, ob es vielleicht noch einen tragfähigen Boden und eine Perspektive für Ihre Beziehung gibt«, rät Belzner. Wenn man sich einmal von dem Gedanken befreit hat, dass man verantwortlich für das Weiterleben oder Sterben des Freundes ist, gelingt vielleicht beiden ein neuer Blick auf die Beziehung.

Nach dem eigenen Tod – die Beerdigung

Helmut hat in zweiter Ehe eine deutlich jüngere Frau geheiratet. Er möchte sie nicht belasten mit dem Gedanken, dass er selbst wahrscheinlich lange Zeit vor ihr sterben wird. Ihn selbst aber beschäftigt das sehr. Wie wird es sein, nach seinem Tod? Wird seine Frau irgendwann wieder jemanden finden, mit dem sie leben will? Was wird dann aus ihm und seinem Grab? Helmut will ihr keine Last sein. Deshalb hat er für sich beschlossen, dass eine anonyme Beerdigung das Allerbeste wäre. Seine Frau will davon allerdings nichts wissen. »Wenn wir überhaupt einmal in die Nähe des Themas kommen, dann macht sie sehr deutlich, dass sie eine richtige Beerdigung mit allem Drum und Dran für mich will.« Helmut ist die Vorstellung ziemlich zuwider. Er findet große Grabstellen protzig und teuer, außerdem gehe ja dann noch für Blumenschmuck und Pflege viel Geld drauf. Das will er nicht – und fragt sich, ob er seiner Frau seinen Willen diktieren darf.

Helmut übersieht, dass es bei einem Grab nicht nur um eine Geschmacks- und Kostenfrage geht. Meist ist die Grabstelle – zumal in ländlichen Gebieten – auch Ausdruck der Wertschätzung des Verstorbenen in seiner Familie. Es ist ein Zeichen, dass man an ihn denkt und ein Ort, an dem man sich an ihn erinnern kann. Insofern sind Trauerfeier und Beerdigung nicht die Party des Verstorbenen, sondern Trost und Zuversicht spenden für die Hinterbliebenen. Alle Gewissensfragen, die sich daran knüpfen, müssen unter diesem Aspekt gesehen werden.

Die Religionsphilosophin und Trauerrednerin Gesine Palmer ist der Meinung, dass Helmut sich bei Fragen, die seine eigene Beerdigung betreffen, heraushalten muss:

»Über Ihre eigenen Vorstellungen von dem, was ›danach‹ ist, wissen nur Sie etwas – aber mit Ihrer Frau teilen Sie, solange Sie mit ihr in Liebe leben, Dinge, die ortlos werden, wenn Sie nicht mehr in der Welt sind. Um sich dann wirklich von Ihnen verabschieden und irgendwann unbelastet ein neues Leben anfangen zu können, wird Ihre Frau zudem das Gefühl brauchen, Ihnen nichts mehr schuldig zu sein. Auch da ist eine konkrete und bezeichnete Erinnerung positiver als ein vermeintlich sparsames, einfaches Verschwinden.«

Dazu kommt, dass der Wunsch nach einer bescheidenen Zeremonie ohne Umstände oft eine »aggressive Rückseite« hat, wie Palmer das nennt. »Natürlich wäre uns doch der Wunsch, zu bleiben und, wenn das schon nicht möglich ist, in angenehmer Erinnerung gelegentlich bedacht zu werden.« Vielleicht sorgt sich ja Helmut vor allem darum, dass seine zweite Frau sich nach seinem Tod schnell neu orientiert? Da entwertet er sein Verschwinden lieber von vornherein, als später dieser Kränkung ausgesetzt zu sein – selbst wenn er sie gar nicht mehr erlebt. Palmer mahnt: »Ein Stein, in den der Name geritzt ist, ein Platz, an den man Blumen legen und eine Kerze stellen kann, sind kein überflüssiger Schnickschnack, den man nach Belieben einsparen könnte. Die Feier hilft den Hinterbliebenen über die Schwelle, und der Platz mit Namen hilft ihnen, wenn im sonstigen Leben die Erinnerung an einen Menschen entweder verloren zu gehen oder übermächtig zu werden droht, sich der gewesenen Realität zu vergewissern.«

Noch radikaler urteilt Joseph Wieland, Ethikprofessor an der Universität Konstanz: Er würde nicht einmal zulassen, dass ungebetene Beerdigungsgäste des Platzes verwiesen werden. Andrea hat an uns geschrieben. Ihre beste Freundin ist an Krebs gestorben, sie hinterlässt einen Mann und zwei Kinder im Teenageralter. In den Monaten vor dem Tod haben alle Freunde der Familie beigestanden. Sie haben gepflegt, gewacht und viel geredet. Die Freundin hat ihren Abschied gut vorbereitet. Alle Konflikte, die die Familie belastet haben, kamen noch einmal auf den Tisch. Sie hat versucht, alles zu klären, um mit gutem Gewissen sterben zu können. In den letzten Tagen vor dem Tod haben sich die Freunde gemeinsam mit der Kranken und ihrer Familie um die Beerdigung gekümmert. Welche Blumen, welcher Pfarrer, welche Zeremonie? Selbst über die Traueranzeigen und wer sie bekommen soll, hat die Kranke noch mitentschieden. »Das hatte für alle etwas Gutes und Befreiendes, zu wissen, wie sie sich das wünscht. Und es dann auch so zu machen. Sie ist ruhig und mit sich im Reinen gestorben«, sagt Andrea.

Für Andrea selbst aber trifft das nicht zu. Denn bei der Trauerfeier tauchten auf einmal alte Freunde der Verstorbenen auf, die die Familie in den Wochen zuvor schnöde im Stich gelassen haben. »Ich bin ganz sicher, dass meine Freundin sie auf keinen Fall dort hätte sehen wollen. Ich war drauf und dran, sie wegzuschicken«, sagt Andrea aufgewühlt und aufgebracht. Sie quält sich mit dem Gedanken, ob ihre Freundin es von ihr erwartet hätte, die ungebetenen Gäste herauszukomplimentieren. Joseph Wieland setzt dem eine klare Norm entgegen: »Das Recht der Lebenden, Abschied zu nehmen, wiegt schwerer als Ihr Interesse, dem von Ihnen vermuteten Willen der Verstorbenen Geltung zu verschaffen. Die grundsätzliche Norm, dass man Verstorbene begräbt, kann auch von der Verstorbenen selbst nicht genommen werden.«

Wieland weist darauf hin, dass es in unserer Gesellschaft üblich ist, auch zum Begräbnis von Bekannten und Freunden zu gehen, wenn es vorher Differenzen oder Streitigkeiten gegeben hat. »Selbst wenn Ihre Freundin ausdrücklich darum gebeten hätte, die Leute von ihrem eigenen Begräbnis fernzuhalten, hätten Sie ihnen den Zugang zur Trauerfeier nicht verwehren dürfen. Sie hätten im Vorfeld auf den Wunsch der Verstorbenen hinweisen können, mehr aber nicht.« Nur eine Ausnahme lässt Wieland gelten: Wenn der ärgste Feind eines Verstorbenen nicht nur zur Beerdigung kommen will, sondern dort auch noch eine Ansprache halten möchte. »In einem solchen Fall, wenn Sie fürchten müssen, dass das Andenken an den Verstorbenen durch die Anwesenheit einer Person verhöhnt wird, dürfen Sie ausdrücklich darauf hinweisen, dass Teilnahme und Ansprache nicht willkommen sind.«

Warum aber geht es bei den ethischen Fragen zum Thema Tod und Sterben am Ende doch oft nur um den Blumenschmuck auf dem Grab – also um Konventionen und nicht um moralische Dilemmata? Das hat viel damit zu tun, dass die ganz großen Fragen in aller Regel einvernehmlicher gelöst werden als man das wahrnimmt. So sagen Ärzte, die vielen Patienten helfen, die letzten Monate ihres Lebens ohne zu große Schmerzen zu überstehen, dass der Stopp lebensverlängernder Maßnahmen oder die Entscheidung, eine neue Therapie nicht mehr anzuwenden, in der Regel zwischen dem Betroffenen, den Medizinern und den Angehörigen ohne große Konflikte besprochen werden. Oft gibt es einfach keinen weiteren Beratungsbedarf, wenn die Betroffenen und Angehörigen sich gut und verantwortungsbewusst betreut wissen. Nur dass eben die wenigen Fälle, in denen man keinen gemeinsamen Weg findet, sehr spektakulär sind. Die Wahrnehmung ist eine andere als die tatsächliche Problemlage.

X. Die Familie und das Geld – Wie gut verstehen wir uns wirklich?

Geld ist mehr als nur die materielle Grundlage für das Familienleben. In vielen Familien drücken finanzielle Zuwendungen auch die Wertschätzung und Verpflichtung aus, die man einzelnen Familienmitgliedern gegenüber empfindet. Das geht weit über das hinaus, was die Gesetze an Unterhalt oder Unterstützung festschreiben. Geld ist ein Ausdruck für die Sorge um das Wohlergehen der Eltern, der Kinder, der Enkel. Und umgekehrt: Um die Erbtante kümmert man sich nicht nur, weil man sie mag. Man sorgt sich auch um sie, weil die kinderlos gebliebene Dame einen dann hoffentlich im Testament bedenkt. Den Enkeln schenkt man Geld, weil man will, dass sie auch materiell einen guten Start in das eigene Leben finden. Kinder unterstützen ihre Eltern, damit die das Alter einigermaßen komfortabel erleben können. Eltern geben auch ihren erwachsenen Kinder Geld, um ihnen ein eigenes Haus, ein Auto, eine Waschmaschine zu ermöglichen – oder auch schlicht, um zum Lebensunterhalt einer jungen Familie beizutragen.

Umgekehrt ist Armut eine der größten Belastungen für Familien. Wenn sich die Eltern die Klassenfahrt für das Kind einfach nicht leisten können, geht es um mehr als ums Geld: Es geht um die Frage, ob sich das Kind in seiner Schulklasse integriert fühlt oder nicht. Gesellschaftliche Teilhabe ist der Begriff hierfür. Teilhabe ist auch im Spiel, wenn die Eltern ihre Kinder nicht zum Turnverein oder zum Musikunterricht fahren können, einfach, weil es kein Auto gibt. Oder weil die zusätzlichen Stunden nicht zu bezahlen sind. Wenn der Familieneinkauf in vielen Etappen erledigt werden muss, weil man im Bus eben keine Maxipackungen Toilettenpapier, Katzenstreusäcke oder Mineralwasserkästen transportieren kann, wird deutlich, dass Armut auch Zeit und Nerven kostet. Kinder, die in Armut aufwachsen, haben es in vielen Dingen wahrscheinlich gar nicht schlechter als ihre bessergestellten Klassenkameraden. Doch sie brauchen mehr Stehvermögen, mehr Widerstandskraft und mehr Selbstbewusstsein. Ausgerechnet in diesen Bereichen aber sind viele der armen Kinder doppelt benachteiligt. Armut prägt auch die Eltern – und oft genug ist der materielle Mangel auch Ausdruck für den Mangel an Selbstbewusstsein und Durchsetzungsvermögen, die man den Kindern so dringend wünscht.

Wenn alte Eltern sagen, dass ihre Kinder sich ausgezeichnet verstehen, dann sagen erfahrene Menschen oft: »Dann warten Sie mal ab, bis geerbt wird.« Das müssen die Eltern, Gott sei Dank, dann nicht mehr erleben. Am Erbe und an der Frage, wer wie im Testament bedacht wird, zeigt sich oft, wie gut der Zusammenhalt in der Familie wirklich war.

Ernstfall – es soll geerbt werden

Einen Vorgeschmack auf die möglichen Erschütterungen des Familienzusammenhalts hat Claudia während des vergangenen Weihnachtsfests bekommen. Da haben die Eltern ihr und den drei Geschwistern eröffnet, dass sie ihren

Nachlass regeln wollen, und zwar so: Nicht die Kinder, sondern die Enkel sollen erben. Das fand Claudia noch in Ordnung. Doch die Erkenntnis, dass alle Enkel gleich viel bekommen sollen, sitzt ihr quer. Sie hat nämlich nur ein Kind, ihre Geschwister dagegen haben allesamt mehr Kinder. Für Claudia ist das eine harte Nuss. Obwohl alle Geschwister untereinander ein gutes Verhältnis haben und alle auch sehr an den Eltern hängen, argwöhnt sie, dass hier Lebensmodelle honoriert werden sollen. Die Familien, die der Ursprungsfamilie am ähnlichsten sind – die kinderreichen – sollen mehr bekommen als Claudia und ihr Ein-Kind-Modell. Claudia hat lange gezögert, bevor sie die Frage gestellt hat, ob sie dagegen etwas tun kann. Zu Recht. Denn von Nils Ole Oermann bekommt sie eine klare Abfuhr. Der Ethik-Professor und Pastor sagt: »Oftmals beginne ich die Diskussion um ethische Dilemmata mit der Trennung zwischen Sachverhalt und Wertung der mir vorgetragenen Geschichte und entdecke dann schnell Grauzonen. In Ihrem Fall scheint mir die Sache eher schwarz-weiß, denn Ihr Problem entsteht durch die Perspektive, die Sie einnehmen und die Grundannahmen, die Sie damit verbinden. Letztere beurteile ich ganz anders als Sie: Ihre Eltern dürfen und können ihr Vermögen doch so vererben, wie sie das für richtig halten! Wenn diese die Erde ohne einen Cent verlassen, dann wäre das doch auch eine denkbare Strategie, die Sie zwar wenig erfreuen würde – aber so ist das Leben! Selbst die Pflichtteilsregelung versucht gerade nicht, diese Autonomie der Vererbenden grundlegend infrage zu stellen. Warum also ›werden Sie zurückgesetzt‹, nur weil Ihre Eltern eine Entscheidung aufgrund eines Kriteriums treffen, bei dem sich das Erbteil Ihres Kindes reduziert? Sie haben offenbar Annahmen über die Art, wie man ein Erbe gerecht aufteilt, die Ihre Eltern nicht teilen – aber wessen Geld wird denn da am Ende verteilt? Hingegen beschreiben Sie direkt danach eine ›stillschweigende Annahme‹, die dem Blick eines Ausstehenden ebenfalls kaum standhält: Sie beschreiben, dass von Ihnen die Aufgabe der Pflege erwartet wird, und nennen das als Grund dafür, warum Sie glauben, ein größeres Erbteil bekommen zu sollen. Haben Sie mit dieser Pflege ein Problem und fühlen sich damit ungerecht belastet – auch mit dem Blick auf das Erbe – dann sollten Sie sich überlegen, ob Sie diese Pflege wirklich übernehmen sollen und wollen. Denn sehen Sie den letzten Punkt mal aus der Perspektive Ihrer Eltern: Wie würden Sie sich fühlen, wenn ein wesentlicher Grund, die eigenen Eltern zu pflegen, vor allem die Hoffnung auf ein hohes Erbe ist? Wäre das für Sie ein angenehmer Gedanke?

Also: Das Infragestellen der Privatautonomie eines Erblassers – außer in echten Ausnahmefällen – das tut man nicht! Und Ihr Fall scheint mir nicht die ›große Ausnahme‹ zu sein.«

Oermann wird sehr deutlich, was das grundlegende Problem des Erbens betrifft: Die Annahmen der Begünstigten über die gerechte Verteilung des Erbes. Seit biblischen Zeiten ist dies der Kern und der Quell von tiefgreifenden Auseinandersetzungen, an denen sich bis heute nichts geändert hat. Ob Jakob dem Esau das Recht des Erstgeborenen für ein Linsengericht abluchst, ob die Söhne Jakobs ihren Bruder Josef in die Grube fahren lassen, oder ob sich der Gerechte im Gleichnis vom verlorenen Sohn darüber ärgert, dass der Vater den Nichtsnutz wieder aufnimmt und für ihn ein Fest ausrichtet – Neid und Missgunst im Generationenwechsel bestimmen die Geschichte der Menschheit von Anfang an.

Claudias Fall ist da natürlich noch ein moderater: Das Verhältnis zwischen Eltern und Kindern ist gut, das unter den Geschwistern offensichtlich auch. Denn Claudia fragt sich schon in ihrer Problembeschreibung, was wohl ihre Geschwister von ihr denken werden, wenn sie gegen die geplante Aufteilung des Nachlasses spricht. Richtig neidisch ist sie ja auch nicht, sie ist verletzt und gekränkt, weil sie sich von den Eltern zurückgewiesen fühlt. Dennoch, es hilft nichts: Es ist nicht anständig, gegen den Willen der Eltern zu protestieren, selbst wenn man sich nicht richtig behandelt fühlt.

Oermann verweist zudem auf ein weiteres grundsätzliches Problem am Erben: Es geht um einen Wohlstand, an dem man selbst keinen Anteil hat. Wer erbt und wessen Eltern ohne jeden Nachlass versterben, das hängt vom Zufall ab. Deshalb, so sagt Oermann, sollte man sich rechtzeitig damit abfinden, dass Erben ein Glücksfall ist und keineswegs (über das gesetzliche Maß hinaus) ein Anspruch. Und wenn die Großeltern ihren Nachlass den Enkeln zukommen lassen wollen, dann haben sie meist ganz gute Gründe dafür. Zum Beispiel, dass sie Streit unter den Geschwistern vermeiden wollen.

Geld leihen von den eigenen Kindern – geht das?

Noch heikler ist die Angelegenheit, wenn das Geld-Dilemma nicht um künftigen Wohlstand geht, sondern um gegenwärtige Probleme. Christine und Joachim sind ihren drei Kleinkindern liebevolle und aufmerksame Eltern. Bewusst hat Christine um der Kinder willen zuerst einmal auf eine berufliche Karriere verzichtet. Joachim arbeitet ganztags, verdient aber nicht übermäßig viel. Wichtiger als Geld ist ein gutes Zusammenleben in der Familie, meint Christine. Christines Eltern hätten es lieber gesehen, wenn sich die jungen Leute intensiver um die materiellen Grundlagen ihres Lebens gekümmert hätten. Dass die beiden das nicht getan haben, ist einer der Gründe, warum das Verhältnis zwischen den Generationen ziemlich angespannt ist. Die betuchten Großeltern haben für die drei Kinder von Christine und Joachim Sparbücher und Wertpapierdepots angelegt. Wenn schon nicht die eigene Tochter, so sollen doch wenigstens die Enkel finanziell einen guten Start haben, meinen sie.

Als das Familienauto der jungen Eltern kaputtgeht, stehen die beiden vor einer schwierigen Entscheidung. Aus ihren eigenen Einkünften können sie kein neues Auto finanzieren. Sie brauchen es ohnehin fast nur, um die Kinder zum Schwimmen, zur Krabbelgruppe oder zum Kindergarten zu fahren. Wären sie allein, rechnet sich Christine in stillen Stunden aus, bräuchten sie erstens überhaupt kein Auto. Und zweitens könnten sie sich trotzdem locker eines leisten, weil sie ja dann auch arbeiten würde.

Christine ist bitter, wenn sie daran denkt, dass vor allem sie darunter leiden wird, dass es kein Auto mehr gibt in der Familie. Den Kindern macht es sicher Spaß, mit Bus und Bahn zu fahren, denkt sie. Aber mir? Allein die Vorstellung, mehrmals in der Woche einkaufen zu müssen, erfüllt sie mit Sorge. Noch mehr aber fürchtet sie sich davor, ihre Eltern um Geld bitten zu müssen. Ein Gedanke kommt ihr: Wenn es doch vor allem die Kinder sind, die von einem Auto profitieren würden, könnten die Kinder es dann nicht auch finanzieren? Später, wenn Christine auch wieder arbeitet, könne der Betrag ja voraussichtlich ohne große Probleme zurückerstattet werden. Christine und Joachim diskutieren darüber, ob sie das Geld ihrer Kinder ausleihen dürfen. Sie sind nicht sicher, ob man das tun darf. Die Kinder sind viel zu klein, um mitreden und selbst entscheiden zu können. Die Großeltern will man lieber nicht fragen.

Also schickt Joachim die Frage an unsere Homepage. Die Redaktion zerstritt sich binnen weniger Minuten: Anders als bei vielen Fragen, wo das »Vielleicht« oder das »unter Umständen« unsere internen Diskussionen bestimmen, gab es hier klare Fronten. Und was für welche: Wer den Kindern das Geld einfach so wegnehme, vergehe sich an der Zukunft des eigenen Nachwuchses, argumentierte die eine. Selbstverständlich könne man das Geld leihen, sagte die andere: Schließlich gehe es um den Komfort für die Kinder und den Zeitgewinn für Christine, der dann ja letztlich auch wieder den Kindern zugute komme. Nur die Praktikantin war unentschieden. Eine Familie auf dem Land braucht schließlich ein Auto, sagte sie.

Wir haben uns also auf die Suche nach einer besonders »gerechten« Antwortperson gemacht. Mit Lucie Panzer haben wir sie gefunden. Lucie Panzer, evangelische Pastorin und Rundfunkpastorin beim Südwestrundfunk, ist Mutter und Großmutter und lebt auf dem Land. Panzer ist der Meinung, dass Christine und Joachim das Geld fürs neue Auto nicht von ihren Kindern borgen sollten. »Es wäre den Schwiegereltern gegenüber nicht fair, ihr Geschenk anders zu verwenden, als sie es wahrscheinlich gemeint haben«, argumentiert sie. Man müsse also auf jeden

Fall das Gespräch mit Joachims Eltern suchen. Wenn man aber schon so weit ist, kann man sie auch gleich bitten, den Kauf des neuen Autos zu unterstützen.

Doch nicht nur die Großeltern würden mit der Entscheidung, das Geld für den Autokauf zu leihen, unfair behandelt. Auch den Kindern gegenüber sei das nicht richtig. Man müsse sich doch nicht nur in den großen gesellschaftlichen Fragen daran gewöhnen, nicht auf Kosten der nachfolgenden Generationen zu leben. Auch im familiären Zusammenleben gelte das, sagt Panzer. »Niemand weiß genau, was die Zukunft bringt. Können Sie hundertprozentig garantieren, dass Sie das Geld zurückzahlen? Wenn das, aus welchem Grund auch immer, nicht klappt: dann haben Sie womöglich die Grundlage für eine gute Ausbildung Ihrer Kinder in das Auto investiert.« Lucie Panzer weist auf einen Konflikt hin, den viele Familien aushalten müssen, bei denen einer der Partner zum Wohl der Kinder zu Hause bleibt. Kann Christine wirklich davon ausgehen, dass sie später eine gut bezahlte Stelle findet und die Schulden bei den Kindern ablösen kann? Soziologen wissen, dass es den meisten Familien materiell deutlich besser geht, wenn beide wieder arbeiten. Das Armutsrisiko, so nennen sie es, sinkt deutlich, wenn beide Partner zum Familieneinkommen beitragen können. Doch eine Garantie gibt es nicht. Selbst wenn Christine, die gut ausgebildet ist, nach einigen Jahren wieder in ihren Beruf will: Weiß sie sicher, dass es klappt? Kann sie sich darauf verlassen, als qualifizierte Fachkraft anfangen zu können? Oder muss sie möglicherweise nach der Familienphase zuerst einmal mit einer schlecht bezahlten Arbeit vorlieb nehmen? Dann bleibt nämlich in der Regel gar nicht mehr so viel übrig, was man sparen oder zur Schuldentilgung verwenden könnte. Und: Ältere Kinder werden ja auch nicht billiger für die Familie. Zwar müssen Christine und Joachim nicht mehr so viel für den Kindergarten bezahlen. Doch die Wünsche und Bedürfnisse der Kinder werden nicht kleiner, sie wachsen mit. Klassenfahrten, Kleidung, Babysitter, vielleicht Nachhilfestunden und Musikstunden müssen auch bezahlt werden.

Es ist also riskant, sich in der Hoffnung auf bessere Zeiten einen Vorschuss zu holen. Erst recht, wenn man ihn dem eigenen Nachwuchs abverlangen muss. Christine wird also in den sauren Apfel beißen müssen. Sie wird im Bus sitzen, einkaufen, die Kinder mit dem Fahrrad oder zu Fuß zu ihren Freunden bringen. Das ist mühsam. Aber anständig.

Geschwisterliebe und Geldleihen – brauchen wir einen Vertrag?

Geldangelegenheiten unter Verwandten haben immer die Tendenz, kompliziert zu werden. Solange alles glatt läuft, sind Kredite unter Verwandten eine Selbstverständlichkeit, die den Weg zur Bank erspart. Gelegentlich ist es aber genau dieser gesparte Gang, der am Ende für Unfrieden und Misstrauen sorgt. Wenn nämlich der Bruder oder die Schwester die eigene Familienkasse nur anzapft, weil die Bank ihm oder ihr überhaupt keinen Kredit gegeben hätte. Oder wenn es um die Verzinsung des geborgten Kapitals geht. Oder wenn von Rückzahlung eines Tages keine Rede mehr ist. Dann werden Kredite unter Familienangehörigen zu einer ernsten Belastungsprobe. Da kommt man schon mal auf die Idee, sich abzusichern. Zum Beispiel mit einem Vertrag. Die folgende Frage zielt in diese Richtung, und es ist wieder Nils Ole Oermann, der dem Fragesteller den Zahn zieht, mit einem Vertrag besser dran zu sein.

»Ich habe meinem Bruder vor einem Jahr eine größere Summe Geld geliehen, die er mir – so die mündliche Verabredung – spätestens nach einem Jahr wieder zurückzahlen sollte. Da seine beruflichen Geschäfte (noch) nicht so laufen wie erhofft, vertröstet er mich auf unbestimmte Zeit. Mir geht es finanziell viel besser als ihm, dennoch möchte ich sicherheitshalber einen Vertrag über die Rückzahlungsmodalitäten aufsetzen. Tut man das? Oder stehe ich dann als misstrauisch und kleinkariert da? Schließlich sind wir Geschwister …«

Nils Ole Oermann:
»Liebes Geschwisterkind, Ethik beschäftigt sich unter der Frage ›Was soll ich tun?‹ vor allem mit Güterabwägungen. Was aber wären in Ihrem Fall die kollidierenden Güter und in der Folge die ethischen Grauzonen? Was wäre kompliziert abzuwägen? Bruderliebe versus den römischen Rechtssatz ›pacta sunt servanda‹ (an Verträge hat man sich zu halten)? Nein, Ihr Problem scheint das Verhältnis zu Ihrem Bruder zu sein und ist kein juristisch-ethisches: Verträge sollen zu mehr Rechtssicherheit führen und die braucht man im Umgang mit Menschen, die man oftmals gar nicht kennt und deren Versprechen man nicht unbedingt vertraut. Sie kennen aber Ihren Bruder besser als fast alle anderen Menschen in Ihrem Leben. Mit einem Vertrag hätten Sie womöglich mehr Rechtssicherheit,

aber was würde Ihnen das am Ende nutzen? Würde Ihr ›sicherheitshalber‹ geschlossener Vertrag etwas an Ihrem Ausgangsproblem, dem nicht zurückbezahlten Darlehen und dem Vertrauen in die Zahlungsmoral Ihres Bruders ändern? Würden Sie den Vertrag im Ernstfall einklagen? Wohl kaum … Könnte es daher sein, dass Sie von mir letztlich keine ethische Güterabwägung, sondern das grüne Licht dafür haben möchten, den von Ihnen favorisierten Vertrag mit Ihrem Bruder zu schließen, um sich dabei weniger schlecht zu fühlen? Gebe ich oder jemand anderes Ihnen von außen das grüne Licht dafür, fühlen Sie sich bestätigt. Verweigere ich Ihnen die Sympathie für ihren Vertragsgedanken, werden Sie womöglich fragen, was mich Ihre innerfamiliären Angelegenheiten angehen. Und hier liegt der Hase im Pfeffer: Letztlich hilft Ihnen keine Güterabwägung in die eine oder andere Richtung, sondern eine Klärung des Verhältnisses zu Ihrem Bruder. Gewinnen Sie das Vertrauen in ihn wieder, brauchen Sie keine Verträge. Und wenn nicht, hilft Ihnen auch kein Vertrag. Ich maße mir hier keine persönlichen Ratschläge an, da ich Sie und Ihre Familie nicht kenne, aber der von Ihnen geschilderte Fall ist kein ethisches Dilemma, sondern eher ein Beziehungsproblem. Nur Folgendes zum Schluss: Geschäfte mit Verwandten sind oftmals darum nicht unproblematisch, weil in solchen Fällen juristische Mittel entweder sehr zahnlos werden oder umso mehr beißen.«

Eine solche Antwort wünscht sich wohl niemand. Darauf gestoßen zu werden, dass es hier vermutlich nicht um ein gutes oder schlechtes Gewissen, sondern um ein gutes oder schlechtes Verhältnis in der Familie geht, ist schmerzhaft. Nils Ole Oermann, Pastor, Ethikprofessor, Politikberater und Autor hat aber Recht: Was hilft ein ausgeschriebener und unterzeichneter Vertrag, wenn man ja am Ende die Sache doch nicht vor Gericht klären will? Er hilft gar nichts. Ralf hätte gerne Unterstützung für seinen Plan gehabt, dem Bruder einen Vertrag zu präsentieren, um ihn nachdrücklich an seine Verpflichtung zu erinnern. Doch die darf er hier nicht erwarten. Hätte er das Problem gehabt, dass er selbst inzwischen das Geld braucht, wäre der Rat wahrscheinlich anders ausgefallen. Dann hätte es ein echtes Dilemma gegeben: Was ist in einer schwierigen Lage wichtiger, die Interessen meines Bruders oder meine eigenen? In diesem Fall ist aber deutlich, dass Ralf das Geld nicht braucht. Er hat es lediglich satt, sich von seinem Bruder an der Nase herumführen zu lassen. Darüber muss er mit seinem Bruder ins Gespräch kommen.

Bei den Kommentaren zu der Frage scheiden sich die Meinungen ausnahmsweise einmal nicht nach alt und jung. Einige sind der Auffassung, dass schriftliche Verträge auch zwischen Familienangehörigen völlig normal sind. Vor allem dann, wenn sie rechtzeitig geschlossen werden, sorgen sie für Klarheit und Verbindlichkeit. Andere, die den vorgeschlagenen Vertrag als reines Sanktionsinstrument gegen den Bruder verstehen, beziehen eine andere Position: Unter Geschwistern hilft man sich gegenseitig. Und wenn die Sache anders ausgeht, als die Kreditparteien es erwartet haben, dann hat man wenigstens geholfen. Dieses Argument kann man nicht von der Hand weisen. Wenn es den Brüdern aber darum geht, weiterhin einvernehmlich und freundschaftlich miteinander umzugehen, kann die Geldsache nicht zwischen ihnen stehen bleiben. Ralf muss sich also entscheiden: Er muss seinen Ärger aussprechen, und er muss mit seinem Bruder einen Weg finden, wie es weitergeht. Unter Brüdern.

Weil aber Familien- und Geldangelegenheiten so eng miteinander verflochten sind, lässt sich beides nur schwer entwirren. Bei dem Kredit gab es schließlich einen Familienbonus. Der Bruder hat das Geld vermutlich nur deshalb in der Verwandtschaft geliehen, weil er von Dritten keinen oder nur einen weit teureren Kredit bekommen hätte. Er hat also nicht nur um Geld gebeten, sondern auch um einen Vertrauensvorschuss. Den hat er bekommen; ob er ihn auch verdient hat, muss er nun zeigen.

Die Eltern als Dauergäste – müssen sie dafür bezahlen?

Es ist wohl eine der klassischen Fragen, die man lieber nicht selbst stellt. Es ist immer »der Freund«, der das Folgende erlebt hat und an dessen Stelle man selbst nun nach Rat fragt. In der Wohnung der Eltern eines Freundes brach ein Wasserrohr. Alles wurde aufgeweicht, alles musste saniert werden. Der Freund bot den Eltern sein Gästezimmer an. Die alten Herrschaften nahmen dankend an – und blieben ganze vier Wochen. Dann zogen sie wieder in ihre eigene Wohnung. Die Eltern sind diesem Freund wohl gewaltig auf die Nerven gegangen während dieses Monats. Jedenfalls denkt er nicht gern an die gemeinsame Zeit zurück, sondern fragt sich inzwischen, ob er die Eltern an den Nebenkosten des Asyls beteiligen kann. Zumindest einen symbolischen Beitrag würde er schon gerne sehen. Schließlich hätte er sonst das Gästezimmer nicht heizen müssen, es wäre weniger Wasser und Strom verbraucht worden, vom Frühstück, den Brötchen und dem Inhalt des Kühlschranks ganz zu schweigen. Der frühere Bremer Bürgermeister und Autor Henning Scherf urteilt in diesem Fall ganz klar: Das tut man nicht. »Entweder Sohn und Schwiegertochter leben selbst in sehr beengten Verhältnissen (was bei einem zur Verfügung stehenden Gästezimmer nicht anzunehmen ist) – dann müssen die Eltern von sich aus einen Beitrag zu den Nebenkosten leisten und zwar nicht nur einen ›symbolischen‹. Oder Sohn und Schwiegertochter sind durchschnittlich begütert – dann dürfen sie den Eltern, die schließlich während vieler Jahre hohe Kosten für ihren Sohn gehabt haben, keine Rechnung, auch keine ›symbolische‹ stellen.«

Scherf tut etwas, wovor sich die meisten Eltern im direkten Disput mit ihren Kindern scheuen: Er fordert Dankbarkeit für das, was die Eltern über Jahre hinweg für ihr Kind getan haben. Wer es sich leisten kann, darf seine Eltern nicht für Selbstverständlichkeiten zur Kasse bitten. Er muss mindestens aus dem Bewusstsein heraus, dass er über Jahre hinweg der Nehmende war, helfen. Und selbst wenn er es sich eigentlich nicht leisten kann: Scherf fordert von den Eltern die Sensibilität, sich um das Auskommen des Sohnes zu sorgen. Dem Sohn aber gesteht er selbst in der eigenen finanziellen Notlage nicht das Recht zu, die Eltern um den Kostenbeitrag anzugehen. Hier geht es um mehr als um ein paar hundert Euro: Hier geht es um Respekt. Scherf greift zur Begründung tief in die Mottenkiste des »Das tut man nicht«. Er überträgt das vierte Gebot »Du sollst Vater und Mutter ehren« in einen modernen Kontext. Die Familie ist auf gegenseitigen Respekt, Achtung und Rücksicht gebaut. Das schließt auch eine Dienstbereitschaft ein. Genauso, wie die Eltern während der Kindheit und des Heranwachsens für den Sohn gesorgt haben, ohne dafür eine Rechnung zu stellen, muss der Sohn jetzt auch handeln.

Wir wissen nicht, ob der Sohn eine glückliche Kindheit und großzügige Eltern hatte. Wir wissen auch nicht, wie er sie erlebt und was ihn möglicherweise gestört hat. Vielleicht haben auch die Eltern selbst das kleine Karo gepflegt – wie der Vater, der sich weigert, seinem Sohn das Studium zu bezahlen, weil es ihm selbst ja auch nicht geschadet habe, sein Studium selbst zu verdienen. Doch das ist für Scherfs Argumentation unerheblich. Der Respekt vor den Eltern steht darüber. Hier wird nicht aufgerechnet oder zurückbezahlt.

XI. Patchworkfamilien – Wie es drinnen aussieht, geht keinen was an!

Nahezu jede zweite Ehe in Deutschland wird geschieden, viele Menschen heiraten gar nicht. Ein Viertel der Kinder in Deutschland wird in Familien groß, in denen die Eltern nicht mehr zusammenleben, oder in denen von vornherein nur ein Elternteil erzieht. In Ostdeutschland wird sogar jedes zweite Kind geboren, ohne dass die Eltern verheiratet sind. Einen Trauschein braucht heute niemand mehr, um ein gesellschaftlich und sozial akzeptiertes Leben führen zu können. Ein uneheliches Kind? Allein die Frage wirkt skurril. Zumindest in den Großstädten sind alleinerziehende oder nur zwischendurch liierte Mütter selbstbewusste Frauen, die sich die Frage nach dem Gatten zu Recht verbitten.

Fröhlich, unbeschwert, kunterbunt, so kann das Leben sein, auch wenn die eine Beziehung zerbrochen und die andere noch nicht stabil ist. Kann. Muss aber nicht. Es fängt schon mit der Trennung an. Gelingt es den Partnern, ordentlich und anständig auseinanderzugehen? Oder gibt es einen Rosenkrieg, der nicht nur für die ehemaligen Partner eine Hypothek im weiteren Leben ist, sondern auch für die Kinder? Mona stellt sich diese Frage. Sie sinnt auf Rache, nachdem ihr Mann sie verlassen hat, Brigitte Zypries sagt ihr, ob sie dazu das Recht hat.

«Ich bin Ende 30 und habe zwei Kinder im Alter von sieben und neun Jahren, die bereits in die Schule gehen. Mein Mann will sich nun von mir scheiden lassen nach rund zehnjähriger Ehe. Ich bin Akademikerin und könnte jederzeit wieder einen Voll- oder Teilzeitjob bekommen, da meine Qualifikationen als Ärztin sehr gefragt sind. Ich weiß auch, dass ich nach dem neuen Unterhaltsrecht verpflichtet bin, wieder zu arbeiten. Aber ich bin stinksauer auf meinen Mann, dem ich ein Jahrzehnt den Rücken freigehalten habe und der mich jetzt für eine Jüngere verlässt, die noch dazu schwanger ist. Er ist finanziell so gut gestellt, dass er mich und die Kinder auch weiter gut versorgen könnte. Deshalb will ich nicht arbeiten, sondern weiter von dem Geld leben, das er – für uns als Familie – in den letzten zehn Jahren erarbeitet hat. Wir haben aber keinen Ehevertrag, und mein Anwalt sieht nur geringe Chancen für mich. Jetzt hat sich eine befreundete Ärztin, die in ihrem Fach unumstritten ist, bereit erklärt, mir ein Attest für das jüngere Kind zu schreiben. Darin würde stehen, dass das Kind gesundheitlich so labil ist, dass es rund um die Uhr Betreuung braucht. Damit würde ich auch bei Gericht voraussichtlich durchkommen. Ich weiß, dass das vermutlich nicht legal ist. Aber ich bin so sauer auf meinen Mann, der unser Leben zerstört. Tut man das, sich ein derartiges Gefälligkeits-Attest schreiben zu lassen?«

Brigitte Zypries:
»Sehr geehrte Fragestellerin, ich kann verstehen, dass Sie sehr enttäuscht sind über Ihren Mann. Ich

kann auch verstehen, dass Sie sich betrogen fühlen, weil Ihre Lebensplanung zerstört wurde und Sie sich ein neues Leben aufbauen müssen. Weil die eheliche Verabredung so war, dass Sie zu Hause bleiben und sich um die Kinder kümmern, während Ihr Mann das Geld für die Familie verdient, gibt es sicherlich für Sie für eine gewisse Zeit noch einen zumindest anteiligen Betreuungsunterhalt.

Was man aber nicht tut ist, den Konflikt mit dem Partner auf dem Rücken der Kinder oder eines Kindes auszutragen. Das aber würden Sie tun, wenn Sie sich für Ihr jüngstes Kind ein ärztliches Attest ausstellen ließen. Das Kind merkt doch, dass es ›krankgeschrieben‹ wird, obwohl es gar nicht krank ist. Es wird sich dazu ja auch gegenüber dem Vater zu verhalten haben. Sie würden also Ihr Kind für die ›Rache‹ an Ihrem Mann funktionalisieren – und das tut man nicht! Wegen dem Wohl des Kindes.«

Die frühere Bundesjustizministerin Zypries ist sehr deutlich in ihrer Antwort: Hier geht es nicht um ein paar Jahre mehr Unterhalt oder um die Verletzungen, die der untreue Ehemann seiner Frau zugefügt hat. Hier geht es um die Zukunft der Kinder. Angelika hat die Antwort von Brigitte Zypries kommentiert und auch sie mahnt zu besonnenem Handeln. Sie war in einer ähnlichen Situation wie Mona, hat aber inzwischen Abstand zur eigenen Scheidung gewonnen. Sie warnt davor, etwas zu tun, für das Mona noch vor wenigen Monaten andere verachtet hätte. Nicht nur, dass ein solches Verhalten illegal ist; wenn Mona erwischt wird, werden sie und die Ärztin wegen Betrugs verklagt. Sondern auch und vor allem, weil derartiges Verhalten den Blick nach vorn verstellt. »Wo eine Tür zugeht, geht eine andere auf«, sagt Angelika. Und wünscht Mona viel Glück und Kraft. Die wird sie auch brauchen. Denn selbst wenn es Mona glückt, ein neucs Leben zu beginnen, vielleicht auch einen neuen Partner zu finden: Einfach wird das nicht.

Denn in neu zusammengesetzten Familien gärt es zuweilen gewaltig. Hier versagt selbst unsere Das-tut-man-nicht-Mottenkiste. Es ist nichts drin, was wenigstens Aufschluss darüber geben könnte, was unsere Großeltern in derartigen Situationen getan hätten. Alte Konventionen, gegen die man Neues, Besseres setzen könnte? Fehlanzeige. Es gibt keine Standards, wie man sich verhält, wenn die neuen Geschwister vielleicht doch nicht so gut miteinander auskommen. Keine erprobten Verabredungen, was man tut, wenn der Neue mit den Kindern aus der früheren Beziehung Probleme hat oder wenn sich die neue Partnerin zu Gunsten der Kinder zurückgesetzt fühlt. Sorgerechts- und Unterhaltsentscheidungen zeigen nur, dass man sich arrangieren muss. Sie sagen aber nichts über das »Wie« dieses Weges, und sie geben kaum Hinweise, wie man sich verhalten kann, also welche Handlungsoptionen zur Verfügung stehen. Sie ignorieren die Loyalitätskonflikte, die sich mit dem alten Partner und dem neuen ergeben können, zwischen den eigenen Kindern und denen des Partners.

Das alles sind nicht nur Beziehungs- und Erziehungskonflikte, die sich mit einem guten Ratschlag aus der Beratungsstelle beheben lassen. Dahinter lauert ein Problem, das schon die Kernfamilie an den Rand der Verzweiflung bringen kann: Wem schulde ich mehr Loyalität, dem Mann, der Frau, oder dem Kind? Dem einen mehr als dem anderen? Im Kapitel über Kinder spielte das schon einmal eine Rolle: Was tut man, wenn man selbst großzügig in der Erziehung ist, der andere aber streng? Katja Keßler sagte dazu, dass Eltern sich auf Maßstäbe verständigen müssen, die von beiden gegenüber den Kindern vertreten werden können. Das schuldet man dem Partner – und den Kindern.

Umso schwieriger wird die Sache, wenn man seine Maßstäbe nicht nur mit dem Partner übereinbringen muss, den man liebt und mit dem man lebt. Sondern auch noch mit dem oder der Ex. Jeder fühlt, dass es sich lohnt, hier um eine gemeinsame Linie zu kämpfen. Doch fast jeder erfährt auch, wie schwer das ist, und dass das Scheitern wahrscheinlicher ist als das Gelingen. Man hat sich ja nicht ohne Grund getrennt, sondern auch deshalb, weil man eine gemeinsame Basis für das Zusammenleben nicht finden oder bewahren konnte. Jetzt ändern sich dazu noch die Interessenlagen. Der eine Partner lebt mit den Kindern zusammen, der andere wirbt um sie und darum, in ihrem Leben weiter eine Rolle spielen zu dürfen. Warum sollte der dann den strengen Vater, beziehungsweise die konsequente Mutter mimen, wenn der andere Weg erstens leichter ist und zweitens bei den Kindern mehr Sympathiepunkte bringt?

Dass es sich dennoch lohnt, um der Kinder und deren Entwicklungschancen willen um einen gemeinsamen Kurs zu kämpfen, liegt auf der Hand. Kinder, die sich neben ihrem Alltagsprogramm – Schule, Eltern, Freunde – auch noch damit auseinandersetzen müssen, dass es für ihr Tun nach der Trennung der Eltern unterschiedliche Maßstäbe gibt, haben es schwerer: Sie fühlen sich in der Schule nicht so wohl wie Kinder aus den Kernfamilien, das heißt Familien, in denen Vater und Mutter zusammenleben. Patchwork- und Scheidungskinder lernen nicht so gern. Das gilt nicht nur für die Zeit unmittelbar vor und nach der Trennung der Eltern, in der man verstehen kann, dass die Kinder nicht zufrieden sind mit ihrem Leben, und dass sie etwas anderes im Kopf haben als Deutsch und Mathe. Bei vielen Kindern halten diese Unlust und das Desinteresse laut Deutschem Jugendinstitut während der ganzen Schulzeit hindurch an. Sie fühlen sich oft benachteiligt gegenüber ihren Klassenkameraden mit heilen Familien. Sie empfinden ein Defizit und vermuten, dass die Klassenkameraden und Lehrer dieses Defizit auch bemerken. Abgesehen von den, auch materiellen, Einschränkungen, die auf viele Kinder zukommen. Wenn ehemalige Partner sich in einer solchen Situation dann auch noch mit allen Mitteln um die Gunst der Kinder bewerben, kann die neue Konstellation nicht zur Ruhe kommen.

Wer darf meine Tochter erziehen?

In Trennungsfamilien gibt es also meist mehr als zwei Personen zum Aushandeln der Maßstäbe. Den Elternteil des Kindes, von dem man getrennt lebt, und den neuen Partner. Eine Mutter, die uns geschrieben hat, beschreibt, wie schwierig diese Situation für sie und ihre Tochter ist. Sie selbst quält sich ohnehin mit der Erziehung ihrer pubertierenden Tochter. Das Kind ist anstrengend, es nervt. Noch mehr aber nervt im Lauf der Zeit der neue Partner: Er erzieht mit. Wobei »mit« in diesem Fall untertrieben ist. Der Mann ruft die 14-Jährige täglich zur Ordnung, erwartet von ihr Pünktlichkeit und gutes Benehmen. Den eigenen Kindern, die nur an den Wochenenden in der Familie sind, begegnet er sehr großzügig und nachsichtig. Die Tochter nimmt ihm dieses Verhalten übel, die Mutter auch. Auf wessen Seite soll die Frau sich schlagen: auf die des Kindes, oder auf die des neuen Manns? Ist dessen distanzierter Blick auf die Jugendliche vielleicht der zutreffende? Will der Neue möglicherweise nur seine Frau vor der Göre beschützen? Oder haben Kinder in ihrem eigenen Umfeld Anspruch darauf, ohne diese Distanz wahrgenommen, ernst und angenommen zu werden, und zwar von beiden erwachsenen Partnern? All diese Fragen treiben die Mutter um.

Einige davon sind sicher reine Beziehungsfragen. Die nach der Loyalität ist es nicht: Die Mutter lebt in einem echten Dilemma. Egal, wie sie sich entscheidet, sie macht etwas falsch. Hält sie es mit der Tochter, stößt sie ihren neuen Partner vor den Kopf. Beherzigt sie den guten alten Grundsatz, dass Eltern die gleichen Prinzipien und klare Grenzen haben sollten, fühlt sich die Tochter auf Dauer unfair behandelt.

Die Journalistin und Autorin Inge Kloepfer rät, um eine Entspannung der Situation zu erreichen, zuerst einmal ein offenes Gespräch zu führen und eine pragmatische Lösung zu finden: »Du erziehst Deine Kinder, ich erziehe meine Kinder.« Das könnte solch ein pragmatischer Weg sein. Das liegt nahe, zumal es sich ja hier nicht um eine Dreijährige handelt, die man noch gut und gerne 15 Jahre im eigenen Haushalt um sich herum hat. Handelt man nach diesem Grundsatz, entspannt sich die verfahrene Situation möglicherweise ganz schnell. Der Blick kann frei, die Lage mit etwas mehr Abstand betrachtet werden. Dabei findet sich oft ganz Erstaunliches. So fühlen sich Kinder mit Geschwistern oder Halbgeschwistern in ihrer Familie immer benachteiligt, unabhängig davon, ob es tatsächlich Grund zur Klage gibt. Jedes Kind in einer Familie hat das Gefühl, dass die anderen es besser haben, mehr bekommen, aufrichtiger geliebt werden. Wahrscheinlich gibt es in zusammengewürfelten Familien mehr Anlässe für diese Vermutung. Zumindest am Anfang steht jeder den eigenen Kindern liebevoller gegenüber. Schließlich müssen sie die Trennung verkraften, sie müssen sich in der neuen Situation einrichten. Das ist schwer. Die eigenen Kinder und ihr Verhalten kennt man genau und schließlich ist es auch für die Erwachsenen nicht einfach, sich zu arrangieren. Wie viel schwieriger ist es für Kinder, die es sich in der Regel nicht ausgesucht haben, mit wem sie von nun an den Alltag teilen. Wenn die einen dann auch noch im Haushalt leben, die anderen nur am Wochenende dazustoßen, kommen weitere Problemfelder hinzu. Die Besuchskinder sind »zu Besuch«, sie müssen deshalb nicht in dem Maße erzogen werden wie Kinder, die immer im Haushalt leben. Das besuchte Elternteil hat andere Prioritäten: Es möchte, dass die Kinder sich in der neuen Konstellation wohlfühlen, dass sie gern wiederkommen. Ob die Hausaufgaben gemacht sind, die Fernsehstunde überzogen wird oder beim Essen der Ellbogen auf dem Tisch liegt, ist da nicht so wichtig.

Dass man reden und sich einigen sollte, ist nur die eine Sache. Die unterschiedliche Wahrnehmung derselben Situation aus Sicht der beiden Partner und der betroffenen Kinder, ist die andere. Inge Kloepfer warnt davor, die Erziehungsaufgabe zu einem reinen Nichtangriffspakt zu machen. In Einzelfällen kann auch das dauerhaft gutgehen, aber nur in Einzelfällen. Der Normalfall ist, dass sich der ausgeschlossene, neue Partner irgendwann an den Rand gedrängt fühlt. Nach seiner Vorstellung vom Zusammenleben wird gar nicht mehr gefragt. Hier liegt, so dokumentiert das Deutsche Jugendinstitut, eine ständige Gefahr für die neue Beziehung. Wer das neue Familienleben stabil und sicher machen will – auch für die Kinder aus beiden vorhergehenden Bindungen – muss also wahrscheinlich einen anderen Weg suchen.

Je jünger die Kinder sind, desto wichtiger ist das: Die anderen Kinder dürfen bei Tisch mit Nudeln werfen, die eigenen nicht? Die einen dürfen am Computer spielen, für die anderen ist das verboten? So geht es nicht. Zu Recht fühlen sich die Kinder des einen Partners schlechter gestellt, wenn »jeder seine Kinder erzieht.« Die Maßstäbe des Zusammenlebens müssen für alle und an allen Tagen der Woche gelten, sonst funktionieren sie gar nicht. Das aber können nur Regeln sein, die mit beiden Erziehungsstilen vereinbar sind. Die eigenen Erziehungsgrundsätze klar durchzuziehen, geht genauso wenig, wie sich im einen Fall auf die Erzieherrolle zu konzentrieren und in der anderen Konstellation den Verwöhnvater oder die Wochenendmutter zu mimen.

Hier liegt der wahre Grund dafür, warum die zweiten und dritten Beziehungen immer komplizierter und fragiler werden, jedenfalls dann, wenn Kinder im Spiel sind. Die zweiten und dritten Ehen haben ein noch größeres Risiko zu scheitern als die erste, rechnet das Deutsche Jugendinstitut vor. Dasselbe gilt für nichteheliche Beziehungen. Ist ja auch klar: Es gibt einfach noch mehr Probleme – materielle und immaterielle –, wenn aus getrennten oder geschiedenen Eltern neue Familien werden. Und guten, unparteiischen Rat gibt es da auch nur selten.

Vielleicht hilft die Maxime der Autorin Gerlinde Unverzagt: Lasst die Kinder nicht darunter leiden, dass ihr unglücklich seid. Familien sind nicht dazu da, um das Glück der Eltern zu maximieren. Sie sind da, um den Kindern ein gutes und gelungenes Aufwachsen zu ermöglichen.

Er hat mich verlassen – aber seine Kinder akzeptieren das nicht

Sarah schreibt, dass sie als Familienfrau »nicht besonders erfolgreich« sei. Sie war verheiratet und hat eine Tochter aus dieser Ehe. Nach der Scheidung lebte sie mit ihrem neuen Freund und dessen Kindern zusammen. Patchwork eben, die Kinder verstanden sich gut. Doch dann scheiterte auch diese Beziehung. Der Freund verließ sie, zog mit seinen Kindern aus. Sarah versucht nun wieder einmal, sich in einem neuen Leben einzurichten. Sie macht auch Fortschritte dabei – wenn nicht die Kinder des Ex-Freundes wären, die sich einfach weigern, die Trennung zur Kenntnis zu nehmen. Sie kommen immer wieder vorbei, besuchen Sarah und ihre Tochter, spielen, essen, lachen. Sarah ist das zu viel: Die Besuche reißen alte Wunden auf, sie fühlt sich ausgenutzt. Ihr Ex-Freund hat nämlich überhaupt kein Problem damit, die Kinder immer mal wieder bei Sarah abzuliefern. Schließlich sei es wichtig, den Kindern auch nach der Trennung zu vermitteln, dass sie gemocht werden. Sarah beißt die Zähne zusammen. Aber die bohrende Frage »Muss ich mir das eigentlich gefallen lassen?« wird immer lauter. Sie will wissen, ob es moralisch verwerflich ist, wenn sie in der für alle schwierigen Situation an sich denkt und die Kinder einfach auslädt.

Auch hier möchten wir Gerlinde Unverzagt zitieren. Sie gibt zu bedenken: »Familien sind keine Vereinbarungen, die getroffen werden, um das Glück von Mann und Frau zu mehren. Sondern welche, die Kindern ein Nest und wenn sie groß werden, Flügel bieten müssen.« Das gilt nicht nur, aber auch für Patchwork-Familien. Hier sind die Kinder die Letzten, die nach ihrer Zustimmung zur jeweiligen neuen Familienkonstellation gefragt werden. »Manchmal braucht es eben eine Menge Taktgefühl, Diskretion und Gelassenheit, um die Quadratur des Kreises getrennter Verhältnisse zu wuppen«, weiß Unverzagt und spielt den Ball zurück an Sarah. Wenn die Tochter sich freue, dass die Ex-Stiefgeschwister kommen, könne sie es doch eigentlich auch tun. Solange Sarah den Besuch immer auf ihren Exfreund bezieht, leidet sie. Gelingt ihr aber der Blick darauf, dass sich Kinder in ihrem Haushalt wohlfühlen, dass sie eine gute Gastgeberin ist, dass die eigene Tochter Spaß an dem Besuch hat, ändert sich möglicherweise auch ihre Einstellung zu den ungebetenen Dauerbesuchern: »Sie ermöglichen den Familienteilen offenbar den Weg für ein vergnügliches Zusammensein«. Das ist wichtig – und nicht das Gefühl, der Babysitterdienst für einen getrennten Mann zu sein, »der vielleicht zu faul, zu geizig oder auch nur zu blöd ist, sich um seine Kinder zu kümmern.« Irgendwann, so prophezeit Unverzagt, kann Sarah den Kindern dann auch sagen, warum es ihr wehtut, wenn sie sie sieht. Dann – und erst dann – ist es in Ordnung, die Besuchszeiten einzuschränken.

Es ist eine radikale Sicht, die Unverzagt, selbst alleinerziehende Mutter von vier Kindern, Sarah zumutet: Die Familie existiert unabhängig von den Partnerschaftsentscheidungen ihrer erwachsenen Mitglieder. »Irgendwann haben Sie einmal Ja gesagt zu dem Mann«, erinnert sie Sarah. Und selbst wenn sie damals die Kinder nur in Kauf genommen hat, weil sie den Mann wollte, hat sie damit Verantwortung übernommen. Die endet nicht mit dem Scheitern der Beziehung. Ob sie will oder nicht, Sarah muss die kleinen Besucher noch eine Weile lang aushalten, wenn sie sich anständig verhalten will.

Ich will zu meinem Vater

Gerade ältere Kinder hadern häufig mit der Entscheidung der Eltern, sich zu trennen und gleichzeitig über den künftigen Aufenthaltsort der Kinder zu bestimmen. Oft werden sie nicht einmal gefragt. Das ist ein Fehler, sagt die Chefin des Alleinerziehendenverbandes Peggi Liebisch. Sie kümmert sich um das Problem der 13-jährigen Jennifer. Jennifer lebt nach der Trennung der Eltern bei ihrer Mutter in einer Kleinstadt. Der Vater und die neue Freundin dagegen wohnen in Berlin. Jennifer würde gern umziehen, zum Vater, seiner Freundin, nach Berlin. Auch, weil die Tochter und die Mutter immer öfter aneinandergeraten über das, was erlaubt ist. Sie glaubt, dass ihr der Vater einfach mehr erlaubt als die Mutter. Die Jugendliche ist in einem tiefen Konflikt: Sie möchte ihren Wunsch durchsetzen, auf der anderen Seite aber die Mutter nicht verletzen.

Ohne Verletzungen geht es nicht, sagt Liebisch. Dennoch rät sie Jennifer, das Thema mit beiden Eltern zu besprechen. Offenheit ist erste Bürgerpflicht, auch zwischen den getrennten Eltern. Auch wenn am Ende kein Umzug herauskommt – Liebisch erinnert Jennifer daran, dass sie sich nicht nur von der Mutter und der Kleinstadt entfernen würde, sondern auch von der Schule, den Freundinnen, dem Umfeld –, ist es wichtig, den Umzugswunsch offen und vorurteilsfrei zu besprechen. Denn auch dann kann sich einiges zum Guten ändern: »Es kann gut sein, dass die Mutter ihren Erziehungsstil überdenkt und der Tochter mehr erlaubt.« Manchmal brauchen auch Eltern einen Schuss vor den Bug, um zu erkennen, dass aus den kleinen erziehungsbedürftigen Kindern längst junge Menschen mit eigenem Urteilsvermögen geworden sind. Eine Umzugsdiskussion in der Familie kann der Auslöser für eine solche Neuorientierung sein – wenn es Jennifer gelingt, dieses Gespräch aufrichtig zu führen. Denn wenn Eltern das Gefühl haben, hier würden sie gegeneinander ausgespielt, entstehen neue Verletzungen, die nicht so schnell wieder heilen.

Andersherum, sagt Liebisch, kann die Angelegenheit gelingen. Auch wenn am Ende der Diskussion tatsächlich der Umzug zum Vater und dessen neuer Freundin steht: »Natürlich schmerzt es die Mutter, wenn ihre Tochter wegziehen will. Ein Umzug kann aber langfristig eine gute Lösung sein, bei der sich Mutter und Tochter auf die Distanz viel besser verstehen als vorher.«

Anhand der letzten drei Beispiele wurden die Probleme deutlich, die Patchwork-Familien stärker belasten können als Kernfamilien. Doch kann in der Phase der Unsicherheit manchmal auch die Sensibilität für die Probleme der Schwächeren in der jeweiligen Konstellation wachsen. Wer sich anständig verhalten will in dem Getümmel um Trennung und Weiterleben, der macht die Schwächeren zum Maßstab seines Handelns. Kinder aus getrennten Familien machen sich häufiger Gedanken über die Kränkungen, die ihr Verhalten für die Eltern bedeuten würde, anstatt einfach nur ihre eigenen Wünsche durchzuboxen. Mütter sorgen sich intensiver um das Verhältnis zur halbwüchsigen Tochter, als sie das vielleicht tun würden, wenn die familiäre Situation stabil geblieben wäre. Gekränkte Zurückgebliebene sorgen sich bei aller eigenen Verletztheit um diejenigen, die bei der Trennung unverschuldet in Mitleidenschaft gezogen wurden. Für die alltäglichen Konflikte in getrennten Familien ist das eine hohe Messlatte. Doch es winkt auch der Lohn der Gerechten. Gerlinde Unverzagt beschreibt, wie schön das Bunte und Unerwartete auf den zweiten Blick sein kann. Wenn man sich angewöhnt, die neue Situation nicht nur als fortgesetzte Kränkung zu betrachten, werden die Patchwork-Familien immer noch nicht zum Bullerbü des 21. Jahrhunderts. Aber sie kommen ein Stück näher heran.

... ich habe es satt, einmal im Jahr dem Vater gratulieren zu müssen

Gar nicht bullerbühaft sind die Erinnerungen von Johannes an seine Kindheit und Jugend mit geschiedenen Eltern. Die Eltern haben sich schon vor Ewigkeiten getrennt, an den Vater denkt Johannes nur noch mit Ärger und Zorn. Der alte Herr hat sich verabschiedet, Unterhalt hat er nur selten und eigentlich immer zu spät gezahlt. Irgendwann platzte Johannes der Kragen und er hat seinen Vater verklagt. Danach wurde es etwas besser, doch erfreulich ist es immer noch nicht. Johannes Vater ist selbstständig und sagt, wenn seine Kunden ihre Rechnungen nicht oder zu spät bezahlten, könne er seinen finanziellen Verpflichtungen auch nicht pünktlich nachkommen. Die Mutter, über die Johannes sagt, »Es gab immer nur Mutter und mich«, versucht, den Kontakt zwischen den beiden dennoch aufrechtzuerhalten. Sie besteht darauf, dass Johannes zumindest einmal im Jahr einen Geburtstagsbesuch bei seinem Vater macht. Doch Johannes, inzwischen so gut wie erwachsen, mag sich selbst nicht mehr dazu zwingen und sich auch nicht mehr dazu zwingen lassen. Am liebsten würde er den Vater ignorieren, dessen Geburtstag vergessen.

Remo Largo versteht den Ärger und er findet, dass Johannes nicht verpflichtet ist, den Kontakt aufrechtzuerhalten. Der Schweizer Kinderarzt, Autor, Vater und Großvater macht Johannes aber darauf aufmerksam, dass von seiner Entscheidung nicht nur er und der Vater, sondern auch die Mutter betroffen ist. Largo findet es vor allem wichtig, sich vorher Gedanken über das Geld zu machen. Wenn der Vater jetzt schon nicht regelmäßig zahlt, was wird er nach einem solchen Affront tun? Wenn Johannes und seine Mutter finanziell unabhängig sind, sieht Largo kein großes Problem darin, den Kontakt zum Vater einzufrieren. Aber: »Will Ihre Mutter, dass Sie dem Vater gratulieren und ihn besuchen, weil Sie beide von den Unterhaltsleistungen abhängig sind, sollten Sie intensiv über die Konsequenzen nachdenken, bevor Sie entscheiden.«

Doch auch wenn es nicht ums Geld geht, rät Largo Johannes, vorsichtig zu sein und nicht aus einem augenblicklichen Widerwillen heraus Entscheidungen zu treffen, die er später bereut: »Sie sind volljährig und mündig selbst über die Beziehung zu Ihrem Vater zu bestimmen.

Ihre Mutter kann Ihnen ihre Meinung anbieten und Sie beraten, aber die Entscheidung liegt bei Ihnen.« Nur: Auch der Bruch mit dem entfernten und nicht gerade geliebten Vater würde einen Einschnitt in Johannes' Leben bedeuten, selbst wenn es keine Für-immer-Entscheidung wäre. »Wenn Sie den Kontakt mit Ihrem Vater jetzt nicht aufnehmen, bedeutet das nicht, dass die Beziehung für immer abgebrochen ist. Es kann auch durchaus sein, dass in der Zukunft Ihr Vater den Kontakt zu Ihnen suchen wird. Dafür sollten Sie bereit sein.«

Viele werden bei der Lektüre dieser Fragen sagen, »Na und, das kommt doch in den besten Familien vor.« Das ist sicher richtig. Viele dieser Geschichten könnten auch in Familien spielen, in denen alles noch nach dem guten alten Muster läuft: dass Vater und Mutter sich nicht einig sind, dass Kinder den Eindruck haben, die anderen würden bevorzugt, dass man von den Altlasten des Vorfamilienlebens eingeholt wird. Anders ist nur, dass in intakten Familien, jedenfalls in der Regel, der Wille zum Zusammenhalt die akuten Probleme überlagert. In einer kooperativen Atmosphäre kann man sich leichter darüber verständigen, was man tut und was man lässt. Das macht Leitplanken und Konventionen für die anderen Familien noch wichtiger. Ob sich hier jemals etwas herausbildet, was man landläufig unter »Das tut man aber wirklich nicht« zusammenfassen könnte, erscheint mehr als zweifelhaft. Wichtig wäre es aber. Denn da, wo die individuelle Motivation nicht ausreicht, anständige Lösungen zu finden, können Konventionen hilfreich sein. Sie definieren dann nicht unbedingt das, was man vielleicht aus einer inneren Überzeugung tun würde – aber sie halten einen vielleicht davon ab, Fehler zu machen.

XII. Auszeit – Die Freizeit nehm' ich mir!

Soziologen nennen die Lebenszeit zwischen 30 und 40 inzwischen die »Rushhour« des Lebens. Die Zeit von Familiengründung und Berufsstart, in der alles zusammenkommt. Man will eine gute Mutter, ein guter Vater sein. Man will Karriere machen, sich beruflich weiterentwickeln. Man möchte vielleicht ein Haus bauen, oder eine Wohnung kaufen. Endlich mal einen Neuwagen bestellen. Die alten Freunde weiterhin sehen. Und dann sind da manchmal noch die eigenen Eltern, die nun Betreuung brauchen. Es ist kein Wunder, dass vielen Erwachsenen diese Situation über den Kopf wächst. Obwohl alles gut vorangeht, fühlen sie sich überanstrengt und zerrissen. Sie haben das Gefühl, all den Ansprüchen, die an sie gestellt werden, nicht gerecht zu werden. Ohne, dass sie das Wort »Burnout« unbedingt kennen müssen, sind sie dauernd erschöpft und sehnen sich nach ein paar Tagen, an denen nicht jeder an ihnen herumzerrt. Ist das Flucht aus der Verantwortung, oder ist das berechtigt?

»Ich habe zwei wunderbare Kinder, eine intakte Familie und einen befriedigenden Job. Eigentlich alles ganz toll. Dennoch bin ich manchmal so erschöpft, dass ich heulen möchte. Dann frage ich mich, ob ich mich einfach mal so zurückziehen kann

Bitte + 1 Zeile(n)

und eine Pause einlegen. Ohne Kinder, ohne Mann, ohne Gedanken an den Job. Tut man das?«

! Doris Dörrie:
»Pausen sind etwas Wunderbares. Ja, tun Sie das auf jeden Fall. Ich habe eine schöne blaue Hängematte. Und immer, wenn ich nachdenken muss und Ruhe brauche, gehe ich damit in den alten Schwabinger Friedhof. Ich weiß schon ganz genau, an welchen Bäumen ich sie aufhängen kann. Kürzlich kam ein Gärtner vorbei und sagte mir, das sei verboten. Ich habe sie trotzdem aufgehängt. Ich versuche, keine Pläne zu machen. Ich versuche, mich an mein Lieblings-Haiku zu halten. Ich weiß, das ist für uns arbeitende Frauen ganz schwer. Das Haiku geht wie folgt:

Ruhig sitzen. Nichts tun
Der Frühling kommt
Das Gras wächst von allein

Mein erster Instinkt beim Hören des Haiku war natürlich: ›Was soll das denn? Das Gras wächst nur, wenn ich mich darum kümmere.‹ Denn ich bin so daran gewöhnt, dafür zu sorgen, dass alles funktioniert. Das aber führt einen weg von der Frage, warum man überhaupt etwas macht. Oder ob es überhaupt Sinn macht, das zu tun. Ich habe das Haiku auf jede Wand gemalt, die greifbar war. Wir Frauen haben dieses Problem, immer alles managen zu wollen. Aber das erschöpft uns – und es löst Ängste aus. Wenn wir über alles die Kontrolle behalten wollen, löst das Ängste aus. Wir haben Angst vor dem Alter. Wir haben Angst vor Krankheit. Wir haben Angst vor dem Tod. Aber wir werden alle älter. Wir werden alle krank. Und wir werden alle sterben. Um also immer wieder zu uns zu finden, müssen wir anhalten. Legen Sie also unbedingt eine Pause ein.«

Es ist das Selbstbewusstsein, auch für sich sorgen zu dürfen, an das die Regisseurin Doris Dörrie appelliert. Nur Menschen, die ihre eigenen Interessen wahrnehmen und vertreten können, werden auch zuverlässig für andere da sein können. Man darf nicht nur eine Pause machen, man muss es gelegentlich tun. Doris Dörrie rät, dass wir mit den Unzulänglichkeiten des Lebens gelassen umgehen sollen. Wir sollen nicht versuchen, alles und jeden unter Kontrolle zu haben. Familie und Kinder mal ein paar Tage allein zu lassen, das ist ja nicht nur Pause. Es sind auch das Vertrauen und die Zuversicht, dass es schon gutgehen wird.

Die Sache hat natürlich einen Haken. Wenn man nach Hause kommt nach der Pause, und nichts ist so, wie man selbst es gerne hätte: Die Kinder sind nicht gebadet worden die ganze Zeit, sie haben kein gesundes Schulbrot bekommen, sondern sind mit Hanuta und Caprisonne in die Schule gezogen. Niemand hat die Betten gemacht, die Wäsche gewaschen. Der Haushalt ist außer Kontrolle geraten. Na und? Statt nun schlecht gelaunt alles wieder mit familiären Überstunden unter Kontrolle zu bringen, würde Dörrie vermutlich raten, dankbar zu sein: Die Familie ist zufrieden, sie hat die Ferien großzügig möglich gemacht und darf nun ihrerseits auch Großzügigkeit erwarten.

Anders ist das natürlich, wenn etwas passiert. Als Christine ihre einwöchige Auszeit genoss, verbrannte sich ihre Tochter schwer an einem Gaskocher, den der überforderte und wenig problembewusste Vater auf dem Campingplatz unbeaufsichtigt stehen gelassen hatte. Der Vater hatte mit seinen Kindern – ohne Christine um ihren Rat zu fragen – einen Wochenendausflug mit Zelt und Lagerfeuer unternommen. Das Kind lag wochenlang im Krankenhaus, musste Hauttransplantationen ertragen und jahrelang spezielle Kompressionsunterwäsche tragen. Christine macht sich heute noch Vorwürfe, dass sie damals Mann und Kinder allein gelassen hat. Sie hat ein schlechtes Gewissen und glaubt, dass ihre Tochter den Unfall nur deshalb hatte, weil sie selbst aus Vergnügungssucht verreist sei. Sie fährt nicht mehr alleine weg.

Doch sind die Selbstvorwürfe richtig? Unfälle passieren, ohne dass ein anwesender Vater oder eine abwesende Mutter dafür zur Rechenschaft gezogen werden können. Wer denkt schon immer daran, was einer dreijährigen Tochter alles passieren kann? Vorsichtige Mütter wahrscheinlich – aber hätte Christines Tochter nicht auch in ihrer Gegenwart einen Unfall haben können? Christine hat sich das tausend Mal vor Augen geführt. Sie hat sich tausend Mal gesagt, dass man das Leben und das Wohlergehen der Kinder nicht immer unter Kontrolle hat. Und doch hat sie sich diese Auszeit nie verziehen. Ihre Ehe ist einige Jahre später daran zerbrochen.

Neues Glück – kann ich meine Söhne auch mal alleine lassen?

Beates Ehe ist aus anderen Gründen auseinandergegangen. Jahrelang hat sie versucht, den beiden Söhnen zu Hause alles schön zu machen. Deshalb ist sie auch so lange mit ihrem Mann zusammengeblieben, obwohl die beiden sich nichts mehr zu sagen hatten. Wenn die beiden Jungs schon nicht in einer wirklich intakten Familie aufwachsen konnten, so sollte es ihnen zumindest an nichts fehlen. Erst als die Kinder groß waren, hat sich Beate von ihrem Mann getrennt. Die Mutter und die inzwischen volljährigen Söhne haben ein prima Verhältnis, auch nachdem Beate sich wieder verliebt hat. Der neue Freund kommt gut an bei den Kindern.

Beate und ihr Freund planen eine gemeinsame Reise – ohne die Söhne. Je näher der Abreisetermin rückt, desto mehr fragt sie sich, ob sie wirklich fahren und die großen Kinder alleine lassen kann. Sie sind es schließlich nicht gewohnt, dass die Mutter nicht da ist. Beate ist nicht sicher, ob sie alleine zurechtkommen. Schließlich hat sie doch bisher alles für sie gemacht. Sie kommt sich selbstsüchtig und sogar ein bisschen verantwortungslos vor. Die erprobte Mutter Gerlinde Unverzagt zieht ihr diesen Zahn: »Und wie man das tut! Erst recht als gute Mutter, deren vornehmste Aufgabe es ist, sich selbst überflüssig zu machen.« Wahrscheinlich, so vermutet Unverzagt, haben die Söhne schon lange darauf gewartet, endlich einmal sturmfreie Bude zu haben. Das sei das größere Risiko: Vor der Abreise müssen unbedingt die Bedingungen des Wochenendes ohne die Mutter geklärt werden. Beate soll ihnen klarmachen, dass die Weinvorräte ihr gehören, und dass sie keine wilden Teenagerpartys in ihrer Abwesenheit möchte. Aber sonst? – »Unbedingt verreisen und die Auszeit genießen!«, empfiehlt Unverzagt: »Sagen Sie's Ihren Jungs fröhlich, freundlich und fest: dass Sie jetzt mal ein Wochenende verreisen. (Ja, das komische Ding im Flur ist mein Koffer!).« Auf keinen Fall aber soll Beate ausschweifend rechtfertigen, warum auch sie einmal das Recht hat, alleine zu verreisen. »Auch große Kinder mögen es gar nicht, die Jahre mit ihrer Mama, die immer da war, im Nachhinein als deren selbstverleugnendes Martyrium erkennen zu sollen.«

Was schulde ich meinem Freund?

Wie aber sieht es mit der Auszeit aus, wenn man nicht verheiratet ist und keine Kinder hat? Darf man dann auch einmal wegfahren, ohne den anderen mitzunehmen? Hier würde jeder auf den ersten Blick einen moralischen Freibrief geben: Wenn man zu Hause keine weiteren Verpflichtungen hat, wenn der Partner einverstanden ist und wenn man wirklich nur aus dem Motiv heraus handelt, ein bisschen durchatmen zu wollen, dann kann man sich natürlich aus dem Staub machen und seine Auszeit genießen – solange man nichts vorhat, was den anderen kränken würde.

Was aber den anderen kränkt, ist natürlich von Fall zu Fall, von Beziehung zu Beziehung unterschiedlich. Bei einem Paar sind die Alleinausflüge unter Männern (Saufgelage mit den Kumpels) und die Solotouren der Frauen (Wellness mit den Freundinnen) fester Bestandteil des Jahreskreises, bei den anderen müssen solche Auszeiten immer wieder neu erkämpft und verhandelt werden. Während die einen fröhlich und unbeschwert auf- und ausbrechen, gerät bei den anderen jede einsame Stunde zur besonderen Kränkung: »Du warst ja nicht da, als damals die Waschmaschine ausgelaufen ist und ich mit meiner fiebrigen Mandelentzündung allein damit fertig werden musste.« Die Geschichten, in denen sich der oder die eine lustige Stunden auf Mallorca machte, während der oder die andere krank danieder lag, bereichern nahezu jede Schilderung einer gescheiterten Beziehung.

Kein Zweifel, auch in dieser Sache steckt Zündstoff. Zumal dann, wenn die eine gut verdient und es im Alleinurlaub richtig krachen lassen kann, der Daheimbleibende dagegen ein karges Auskommen als Arbeitsloser fristen muss. So geht es Claudia: Sie will verreisen. Und zwar allein. Denn Helmut, ihr Freund, ist arbeitslos und kann sich einen Thailand-Urlaub im Augenblick beim besten Willen nicht leisten. Ehrlich gesagt ist Claudia ganz dankbar, dass sich die Gelegenheit zu einer Reise ohne Helmut auftut. Sie hat zweieinhalb Wochen Urlaub, fühlt sich total erschöpft und hat sich nicht ohne Grund ein Ziel ausgesucht, das für Helmut außerhalb jeder Reichweite liegt. Pause machen – vom Job, klar. Was Claudia nicht schreibt, aber wohl im Hinterkopf hat, ist: Pause auch von Helmut.

Die TV-Moderatorin Bärbel Schäfer ist sicher, dass Claudia diese Auszeit in der derzeitigen Konstellation nicht nehmen sollte, wenn ihr etwas an der Beziehung liegt. »Bei allem Respekt für die Erschöpfung: Liebe braucht Nähe, sonst hat sie sich schnell erschöpft. Ich könnte nicht entspannt unter Palmen im blauen Meer paddeln, während mein Freund, arbeitslos und mit Sorgen, im heimatlichen Nieselregen sitzt.« Bärbel Schäfer appelliert an Claudias Gewissen: Wie muss sich Helmut fühlen, wenn Claudia ausgerechnet das Urlaubsziel aussucht, das für ihn nicht erreichbar ist? Steht sie überhaupt noch zu ihm und zu seinen Sorgen, wenn sie es sich für zweieinhalb Wochen unter Palmen gutgehen lässt? Schäfer empfiehlt einen Kompromiss: Claudia soll eine Woche allein verreisen, und Helmut für die restliche Urlaubszeit einladen. Keine Fernreise, sondern ein Ziel, das auch Helmuts derzeitiger Lage Rechnung trägt.

Schäfer argumentiert auch mit Blick auf die Zukunft: In einer Beziehung ist es oft so, dass mal der eine, mal der andere Glück hat, »das Leben ist eine Achterbahnfahrt.« Verantwortung übernehmen für den anderen heißt in diesem Fall eben auch, das eigene Glück nicht alleine auszukosten. Indirekt stellt sich hier natürlich die Frage, warum Claudia und Helmut noch zusammen sind: »Wenn die Liebe in dieser Partnerschaft noch funktioniert, dann liefert sie sich im Zusammensein und nicht im Getrenntsein Kraft und Energie für den Alltag. Vielleicht sollten Sie sich eher Gedanken über die Beziehung als über das Urlaubsziel machen.«

Schäfer trifft mit ihrer Antwort den Kern des Problems, indem sie die vermeintlich harmlose Auszeit infrage stellt. Geht es hier um mehr als einen Urlaub unter Palmen? Wenn Claudia nämlich noch ein heimliches Motiv hätte – endlich einmal auszuprobieren, wie sich ein Leben ohne Helmut anfühlt – wird der verständliche und harmlose Wunsch nach einer kleinen Flucht aus dem Alltag zu einer der großen Gewissensfrage: Wie trennt man sich in Anstand von seinem Partner, wenn der einem zunehmend auf die Nerven geht?

Und was ist, wenn es nur Auszeit aber keinen Alltag gibt?

Was für die einen die Flucht aus dem Alltag bedeutet, findet für andere nie statt. Ruth hatte einen Freund, den sie liebte. Doch er trennte sich nicht von seiner alten Familie. Immer nur Wochenenden, immer nur Kurzreisen, immer nur ein schickes Abendessen. Nie Alltag, nie eine gemeinsame Wohnung, nicht den Hauch eines Streits darüber, wer den Einkauf erledigt oder die Wäsche zur Reinigung bringt. Ruth hat das nicht ausgehalten und die Beziehung beendet. Lucie Panzer findet das richtig. Liebe und Auszeit alleine können keine Beziehung tragen, sagt die Pfarrerin. »Verbindlichkeit, Verantwortung füreinander, Bewältigung eines gemeinsamen Alltags, Öffentlichkeit: das gehört zur Liebe dazu. Erst, wenn man sich auch den Alltag und nicht nur die gemeinsame Freizeit gegenseitig schöner machen kann, ist die Liebe ganz«, sagt Panzer. »Für den verheirateten Mann waren Sie nur ein – wenn auch sehr beglückender und geliebter – Teil seines Lebens. Genau genommen müsste man vielleicht sogar sagen: Sie waren ein zusätzlicher Teil außerhalb seines eigentlichen Lebens. So etwas wie Ferien vom Alltag.«

In dieser Antwort wird deutlich, warum die Auszeit so wichtig ist: Weil sie die Rückkehr in den Alltag möglich macht. Nur solange man in diesen Alltag, selbst wenn er manchmal als belastend und fordernd empfunden wird, zurück will, ist die Auszeit das, als was sie Doris Dörrie beschreibt: eine willkommene Pause in einem Leben, das man bejaht.

XIII. Freunde – Wo sind hier die Grenzen?

Die Familie ist die eine Sache, die Freunde der Familie sind eine andere. Über Kinder und ihre Freunde haben wir schon im Kapitel Erziehung geschrieben. Auch wie die Herkunftsfamilie das Leben und die Wertvorstellungen von Erwachsenen prägt, war mehrfach Thema in diesem Buch. Mindestens genauso wichtig sind die alten und neuen Freunde, die die Partner mit in eine Beziehung bringen, oder die im Lauf der Zeit dazukommen. Arbeitskollegen, die Eltern von Klassen- oder Sportvereinskameraden zum Beispiel. Das sind Menschen, die wir uns selbst aussuchen. Wir wählen sie als Freunde, weil sie uns sympathisch sind, weil sie uns ähnlich sind, oder weil sie etwas verkörpern, was wir uns für uns selbst auch wünschen. Sie sind die Gesellschaft, in der wir uns freiwillig bewegen – im Gegensatz zu der Gesellschaft, die uns als Familie mitgegeben ist.

Je kleiner die Familien werden und je größer die räumliche Entfernung zwischen den einzelnen Teilen der Familie wird, desto bedeutender werden die »freiwilligen Familienmitglieder«, die Freunde. Hier können wir uns in neuen Rollen bewegen, hier sind gemeinsame Gene unwichtig. Unsere Freunde beeinflussen uns mehr als wir wahrhaben wollen. Wer jahrelang ein kleines Auto hatte und damit die zehn Kilometer bis zur Arbeit prima bewältigt hat, steigt nicht von heute auf morgen auf einen großen, spritfressenden Geländewagen um. Es sei denn, viele Freunde haben so ein schweres Auto gekauft. Am Anfang amüsiert man sich ein bisschen darüber, aber das eigene Auto erscheint einem auf einmal doch auch ziemlich dürftig.

Wenn Sie regelmäßig in die Kirche gehen, könnten Sie sich fragen, ob Sie gehen, weil es Ihnen ein inneres Bedürfnis ist, sonntags zum Gottesdienst zu gehen, oder ob Sie gelegentlich auch gehen, weil Ihre Freunde und Bekannten da sind? In Ihrem Bekanntenkreis sind alle schlanker als Sie? Sie werden selbst bemerkt haben, dass Sie sich ausgiebiger mit Ihrem Gewicht beschäftigen als früher. Amerikanische Forscher haben herausgefunden, dass Dicksein (und Dünnsein natürlich auch) ansteckend ist: Wenn die Umgebung rank und schlank ist, wächst die Wahrscheinlichkeit, dass man selbst auch große Anstrengungen unternimmt, sich anzupassen. Genauso wie viele Dicke im näheren Umfeld dafür sorgen, dass Ihre eigene Moral beim Anblick von Sahnetorten kontinuierlich sinkt. Sie nehmen mit hoher Wahrscheinlichkeit zu.

Kaum unterschiedlich sieht es mit Werten aus. Auch die Vorstellungen davon, was anständig ist, verändern sich mit dem Freundeskreis. Dagegenzuhalten, ist schwer – und führt oft dazu, dass eine Freundschaft zerbricht.

Was ist Freundschaft?

Hannelore und Heinz sind schwer enttäuscht. Sie müssen die Erfahrung machen, dass ihre langjährigen Freunde sich von ihnen abgewandt haben. Jahrelang haben sie sich auf den Weg gemacht, um die entfernt wohnenden Freunde zu besuchen, immer wurden sie eingeladen, immer haben sie sich erwünscht gefühlt. Sie haben im Haushalt geholfen und auch mal durchgeputzt, wenn die Freunde nicht dazu kamen. Bei ihrem letzten Besuch aber schlagen ihnen eisige Kälte und Ablehnung entgegen. »Als wir sie auf ihr unmögliches Verhalten angesprochen haben, kam die Äußerung ›Das muss ich mir von dir in meinem Haus nicht sagen lassen.‹« Die Aussprache wird zum Showdown. Hannelore und Heinz erfahren, dass sie »schon seit sieben Jahren nerven«. Natürlich sind die beiden verletzt und empört. Sie wollen wissen, ob man alten Freunden so etwas antun kann.

Die Journalistin und Moderatorin Bärbel Schäfer fragt zurück: Natürlich tut man so etwas nicht, wenn man wahre Freundschaft lebt. Aber: »Wieso haben *Sie* nicht bemerkt, dass dies nie eine tiefe, beidseitige Freundschaft war? Woher kam Ihre einseitige, aufopfernde Sehnsucht nach Nähe?« Freundschaft, sagt Schäfer, ist doch keine Einbahnstraße. »So gesehen haben Ihre Bekannten Ihnen den ersten echten Freundschaftsdienst erwiesen, als sie Ihnen in aller Klarheit deutlich gemacht haben, der Traum von dieser ›falschen Freundschaft‹ ist vorbei.«

Was aber ist echte Freundschaft? Wie entsteht sie, wo endet sie? Wenn wir unsere Kinder dabei beobachten, wie sie auf der Suche nach einer besten Freundin, einem besten Freund Enttäuschungen und Hochgefühle erleben, wenn sie sich tagelang mit der Frage quälen, warum der eine jetzt in der Schule neben einem anderen sitzen will, oder die eine nachmittags immer woanders verabredet ist, dann werden alte Kindheitserinnerungen wieder wach. Wir erinnern uns, wie es damals war, als wir erfahren haben, wie kompliziert Freundschaften sind und wie verletzlich sie uns machen. Wir haben das überstanden, aber sind wir heute tatsächlich abgeklärter und unabhängiger?

Ein kleiner Versicherungsbetrug – was ist das schon im Vergleich zu einer großen Freundschaft?

Michael hat ein Problem. Sein Sohn war zum Spielen bei einem Freund, eine Fensterscheibe ging zu Bruch. Paul, der Sohn, schwört Stein und Bein, er sei es nicht gewesen. Die Scheibe sei von seinem Freund zerbrochen worden. Die Eltern des Freundes bestreiten diese Version auch nicht. Doch sie empfehlen Michael dringlich, »die Sache« über seine Haftpflichtversicherung zu regeln. Michael hat keinen Hehl daraus gemacht, dass er das nicht für anständig hält. Jetzt fragt er sich allerdings, ob er richtig gehandelt hat: »Wenn ich der einzige bin, der die Versicherung nicht in Anspruch nimmt – ist es dann richtig, dafür die Freundschaft zum besten Freund des Sohnes und zu dessen Eltern aufs Spiel zu setzen?«

Der Ökonom und Wirtschaftsethiker Birger Priddat von der Universität Witten-Herdecke nimmt sich dieser Frage an. Er findet Michaels Beobachtung richtig, dass viele Mitmenschen Versicherungsbetrug für ein Kavaliersdelikt halten. Doch: »Indem wir uns alle so verhalten, schaden wir uns alle gemeinsam (durch höhere Versicherungspreise).« Priddat weist darauf hin, dass es hier ja nicht nur um Versicherungsbetrug geht, in anderen Bereichen liegen die Probleme sehr ähnlich: beim Steuerbetrug, bei leichten Autounfällen, bei der Schwarzarbeit, bei fahrlässigen Krankschreibungen. »Die Gesellschaft hat sich angewöhnt, Dinge zu tun, die die Allgemeinheit, das heißt die anderen, schädigt, tut aber so, als ob alle Vorteile dabei hätten.«

Priddat argumentiert leidenschaftlich für ein anderes Verhalten: Es dürfe niemandem egal sein, wenn die Allgemeinheit auf diese Weise geschädigt werde. Nur, dass das natürlich eine zerbrochene Freundschaft auch nicht rettet. Wenn die Wertvorstellungen von zwei Familien, die miteinander vertraut sind und freundschaftlich umgehen, so unterschiedlich sind, wird es immer wieder zu Konflikten kommen. Ob der pädagogische Ansatz hilft, den Priddat abschließend vorschlägt? – »Ich würde so raten: die eigene Haltung darf man nicht aufgeben, wenn man von ihr überzeugt ist. Aber pragmatisch kann man so reagieren: Die Scheibe aus eigenem Geld privat bezahlen, nicht über die Versicherung. Wenn einem die Freundschaft so viel wert ist, muss man eben zahlen. Man muss das Problem auf einer anderen Ebene lösen, um nicht Prinzipen gegen Freundschaft austauschen zu müssen. Außerdem beschämt man die anderen vielleicht: nicht durch Argumente, sondern durch die Tat. Durch die Zahlung aus eigener Tasche zeigt man, dass einem die Freundschaft etwas wert ist, aber auch die eigene Haltung.«

Vielleicht lassen sich die Freunde durch das Vorbild tatsächlich umstimmen. Sie werden einsehen, dass sie Michaels Haftpflichtversicherung nicht für eine Handlung belasten können, die ihr eigener Sohn verursacht hat. Doch ist das wahrscheinlich? Menschen reagieren im Allgemeinen sehr allergisch, wenn ihnen unmoralisches Verhalten vorgeworfen wird. Michael hat sich am Ende anders entschieden: Er hat die Scheibe im Voraus selbst bezahlt, aber den Freunden gegenüber so getan, als sei die

Haftpflicht eingesprungen. So hat er für sich seine Werte und Prinzipien verteidigt – die Freunde aber hat er in dem Glauben gelassen, ihre Vorstellungen vom Umgang mit der Versicherung seien auch seine eigenen.

Das zeigt, wie schwer es ist, den Freunden gegenüber eine grundlegend andere Haltung einzunehmen. Freundeskreise streben nach Konformität – man will sich ähnlich sein. Das ersetzt, jedenfalls teilweise, die althergebrachte Großfamilie. Zwar sind die gemeinsamen Werte und Haltungen hier frei gewählt – doch der Anpassungsdruck ist mindestens genauso groß.

Interessant ist noch ein Unterschied: Michael und seine Freunde leben in der gleichen Gesellschaft, sie sind Teil der gleichen Allgemeinheit. Der Versicherungsbetrug an der Allgemeinheit fällt ihnen beiden in der Vorstellung leichter als der Verrat am Freund. Hier wird deutlich, wie sehr unsere Moralvorstellungen von der Nähe zum jeweils anderen geprägt sind. Jeder von uns wird eine Autofahrt unter Alkohol verwerflich finden. Wenn ein Fremder das tut und erwischt wird, dann finden wir das richtig. Wir haben kein Mitleid mit dem Alkoholfahrer. Er hat schließlich die Allgemeinheit gefährdet.

Anders sieht das schon aus, wenn sich einer unserer Freunde nach einem fröhlichen Abend ans Steuer setzt. Vielleicht empfehlen wir ihm noch, ein Taxi zu rufen. Doch die wenigsten würden ihm den Autoschlüssel aus der Hand nehmen. Wird er erwischt, gilt dem Freund unser Mitleid. Wir finden es irgendwie ungerecht, dass unter tausenden von Autofahrern ausgerechnet er aus dem Verkehr gezogen wurde. Und erst recht sehen wir das so, wenn wir selbst betrunken gefahren sind. Klar, das war ein Fehler. Aber wer konnte schon damit rechnen, dass man ausgerechnet auf der kurzen Strecke erwischt würde? Und wirklich viel war es ja auch nicht, was man über den Durst getrunken hatte.

Sich selbst gegenüber sind die meisten Menschen großzügig. Sie finden viele gute Gründe dafür, sich nicht an das halten zu müssen, was sie allgemein für richtig halten. Anders formuliert: Die Ansprüche an ethisches Verhalten wachsen im Allgemeinen mit der Entfernung des Betrachters vom Gegenstand. Genau das hat Immanuel Kant gemeint, als er den kategorischen Imperativ formulierte: »Handle stets so, dass die Maxime Deines Willens als allgemeines Gesetz denkbar ist.« Es ging Kant nicht um den Ausgang einer Tat – es ging ihm zuallererst um das Motiv. Nur wer sich immer wieder daran erinnert, dass es bei Entscheidungen eben nicht nur um den engeren Kreis geht, in dem man sich bewegt, handelt moralisch. Er oder sie wird sich bemühen, das eigene Handeln an der Frage auszurichten, ob man auch wollen kann, dass andere genauso handeln wie man selbst es tut.

Ich will nicht arbeiten gehen – muss ich mich dafür rechtfertigen?

Nach Selbstverleugnung und Aufopferung ist es Susanne überhaupt nicht zumute. Sie hat sich bewusst gegen den Spagat zwischen Beruf und Familie entschieden – und die Familie gewählt. Sie hat genug zu tun mit Kindern und Haushalt, Garten und Hausaufgabenhilfe, den Fahrten zum Musikunterricht und zum Schwimmen. Sie ist zufrieden – oder könnte es sein. Wenn nicht die Freundinnen und Bekannten wären, die ehemaligen Kolleginnen und die Partnerinnen der Berufskollegen ihres Mannes. »Ständig muss ich mich dafür rechtfertigen, dass ich ›nur‹ zu Hause bin«, sagt sie. Susanne ärgert sich darüber. Niemand frage eine berufstätige Frau ohne Kinder danach, warum sie keinen Nachwuchs habe. Umgekehrt aber nehme sich jeder das Recht heraus, Vollzeit-Mütter zu kritisieren.

Das gesellschaftliche Bild der Frau hat sich in den vergangenen Jahren ziemlich deutlich gewandelt. Vorbildfrauen wie Bundesarbeitsministerin Ursula von der Leyen, die einen Mehr-als-Vollzeitzeitberuf mit sieben Kindern und einem pflegebedürftigen Vater unter einen Hut bringt, prägen das neue Bild der Super-Frau: Wer es nicht schafft, wenigstens eine Teilzeitstelle und Kinder zu vereinbaren, macht wohl irgendetwas falsch. Und wer dieses Leben dann auch noch genießt, ist irgendwie nicht richtig angekommen im 21. Jahrhundert.

Dieses Verständnis verfolgt Susanne. Die Journalistin Inge Kloepfer kann das gut verstehen. Sie selbst ist berufstätig und hat drei Kinder und findet den Rechtfertigungsdruck ungerecht, der auf den Müttern lastet, die nicht auch noch einem Erwerbsberuf nachgehen. Fast 62 Prozent oder knapp zwei Drittel der Frauen in Deutschland sind inzwischen berufstätig. Es ist also eine Mehrheit, die da am Werk ist. Dennoch muss Susanne sich nicht verstecken: »Nur 36 Prozent der Mütter mit drei Kindern unter 15 Jahren arbeiten«, weiß Kloepfer. Dennoch rät sie Susanne, sich von dem neuen Frauenbild, das ihre Freundinnen vertreten, nicht zu sehr beeindrucken zu lassen. »Jede Frau sollte, sofern sie die Möglichkeit hat, ihr Lebensmodell frei wählen und verändern können.« Kloepfer verbindet diese Aufforderung allerdings mit einer Einschränkung: »Leider sind wir Frauen nicht besonders gut darin, einen anderen als unseren eigenen Lebensentwurf zu akzeptieren. Immer wieder fühlen wir uns von anderen Frauen, die andere Wege gehen, infrage gestellt. Und dann beginnen wir häufig mit geradezu missionarischer Intensität, andere von unserem Rollenmodell zu überzeugen und damit unter Rechtfertigungsdruck zu setzen. Das sollten wir lassen.«

Doch ein unkonventionelles Leben – so konventionell diese Lebensform auch einmal gewesen sein mag – ist nun einmal immer eine Provokation für diejenigen, die die neue Konvention prägen. Man reibt sich daran, und grenzt sich ab. Das schützt die Konvention. Und auf die Dauer belastet das auch die Freundschaft. Es fängt schon damit an, wann man sich sieht. Susanne hätte überhaupt kein Problem damit, ihre Freundinnen zu einem späten Frühstück einzuladen. Doch die Freundinnen haben ein Problem – sie können nicht. Susanne dagegen geht abends nicht so gerne aus. Ihr Mann arbeitet lang, sie kümmert sich um die Kinder. Da kann sie nicht mal eben auf einen Drink zwischen sieben und neun in die Stadt. Bei den anderen springt selbstverständlich der Babysitter ein – doch Susannes Kinder sind daran gewöhnt, von ihr ins Bett gebracht zu werden.

Susannes Entscheidung, mit drei Kindern und einem Hund nicht auch noch als Lehrerin zu arbeiten, wird sie auf die Dauer wohl von ihren alten Freundinnen entfremden. Sie wird neue finden – solche, die morgens Zeit für ein Frühstück haben. Solche, die ihre Werte und den von ihr gewählten Lebensstil nicht infrage stellen. So finden sich am Ende wieder die Ähnlichen zusammen und bestätigen die alte Regel von der Freundschaft: Auf die Dauer ist es angenehmer, sich mit Menschen zu umgeben, die die eigenen Werte und Vorstellungen teilen, anstatt sie ständig infrage zu stellen.

Freundschaftsdienst – wie weit muss man gehen?

Im Kapitel über das Heiraten hatten wir schon einmal die Frage: Was muss ich als Freund tun und wann muss ich, gerade auch als Freund, Nein sagen? Im Folgenden wollen wir eine Frage stellvertretend dafür diskutieren, was eine Freundschaft aushalten kann und was nicht. – Und haben eine interessante Antwort von Alice Schwarzer erhalten.

? »Um Beruf und Familie miteinander vereinbaren zu können, suche ich eine Haushaltshilfe. Eine Freundin von mir, die auf Hartz IV angewiesen ist, hat mich gefragt, ob sie den Job inoffiziell übernehmen könnte. Einerseits verstehe ich, dass sie sich etwas dazuverdienen möchte und würde ihr gern den Gefallen tun, andererseits habe ich Skrupel, unsere Wohnung ausgerechnet von einer Freundin reinigen zu lassen – und noch dazu schwarz. Tut man das?«

! Alice Schwarzer:
»Ja und Nein zugleich. Nein: Ich würde keine Freundin bei mir putzen lassen. Das fände ich einfach erniedrigend. Als Ex-Putze, die während ihres Studiums in Paris mit Putzen dazuverdient hat, weiß ich nur zu gut, dass es nicht die Tätigkeit an sich ist, die beschämend ist, sondern dass es die Umstände sein können. Was die dazuverdienende Hartz-IV-Empfän-

gerin angeht – da muss ich zugeben: Das würde ich tun. Ich weiß, es ist nicht rechtens. Aber ich finde manche Regelungen wirklich absurd, gerade was die Möglichkeiten des Dazuverdienens bei Hartz-IV-EmpfängerInnen oder RentnerInnen angeht.«

Die Antwort war eine der überraschendsten, die wir je bekommen haben. Als Elisa die Frage schickte, haben wir in der Redaktion lange diskutiert, wie das wohl ausgehen würde. Und wir waren uns eigentlich einig: Wenn eine Freundin Geld braucht, und sich um einen Job in unserem Haushalt bewerben würde, dann müssten wir das möglich machen. Und zwar so, dass es eben nicht erniedrigend und beschämend wäre, für keinen von beiden. Mehr Probleme hatten wir mit dem Thema Schwarzarbeit. Jeder weiß, wie schwer es ist, jemanden zu finden, der legal im Haushalt hilft. Es lohnt sich für viele Hartz-IV-Empfänger einfach nicht, regulär zu arbeiten. Ihr Verdienst würde sofort auf das Geld vom Amt angerechnet, es bliebe unter dem Strich zu wenig übrig, als dass es vernünftig wäre, einen Haushaltsjob anzunehmen. Und: Die wenigsten Hilfen in deutschen Privathaushalten arbeiten tatsächlich legal. Und doch fanden wir, dass es gerade dann, wenn es um eine Freundin geht, mies wäre, sie einfach schwarzarbeiten zu lassen. Ohne Versicherung, ohne einen Euro für die Rentenversicherung. Hierin hätten wir das Beschämende gesehen. Klar, auch in unserer Debatte gab es eine krasse Doppelmoral: Wäre die Bewerberin keine Freundin gewesen, hätten einige von uns gern ein Auge zugedrückt, was die Schwarzarbeit anging.

Doch entgegen unserer Erwartung waren die meisten Leser der Frage mit Alice Schwarzer einer Meinung. Die

Journalistin, Autorin und Publizistin hatte den Punkt getroffen, den die meisten bedenkenswert fanden: Darf man eine Freundin damit beauftragen, die Hemden zu waschen, die Böden zu putzen und die Betten zu machen? Verliert die Freundschaft an Augenhöhe, wenn die eine die Angestellte, die andere die Arbeitgeberin ist? Wahrscheinlich ist das tatsächlich so. Man erfährt zwar mehr voneinander und kommt sich räumlich näher. Doch der Abstand zwischen beiden wächst, weil es jetzt eine Hierarchie gibt. Diese Hierarchie auszuhalten und trotzdem befreundet zu bleiben, ist unkonventionell. Und Konventionen sind, wie wir gelernt haben, zu einem guten Teil auch der Stoff, der Freundschaften begründet und zusammenhält. Trotzdem blieben wir in dem Fall anderer Meinung als unsere Leser und die Expertin Alice Schwarzer. Wir finden, dass Freundschaften zumindest vorübergehend auch solche Herausforderungen bestehen müssen und können.

Schluss

Dieses Buch hat begonnen mit der Frage nach der Mottenkiste, in der der Satz »Das tut man nicht« jahrelang vor sich hin schlummerte. Gemeinsam mit den Nutzern und den Antwortgebern der Webseite www.das-tut-man-nicht.de haben wir die Kiste aufgemacht und geschaut, was noch gültig ist. Vieles ist offensichtlich tatsächlich überholt und muss in der Mottenkiste bleiben, ob wir das bedauern oder nicht. Man kann den wohlerzogenen Enkelinnen mit dem Faltenrock nachweinen, den liebenden Geschwistern, die ohne Arg miteinander umgehen. Man kann bestürzt sein, dass alte Menschen im Heim leben müssen, oder betrauern, dass der Verflossene seine Kinder übers Wochenende immer noch bei einem ablädt. Doch diesen Realitäten muss man sich stellen – und wahrscheinlich muss man auch den Mut haben, neue Konventionen herauszubilden für die Lebensbereiche, in denen die Mottenkiste von Moral und Manieren nichts Brauchbares mehr bereithält. Denn eines ist uns klargeworden, seitdem wir die Webseite www.das-tut-man-nicht.de haben: Die meisten Menschen sind nicht gerade glücklich darüber, wenn es für ihre Frage keine allgemeingültige Antwort gibt. So wie Kinder sich gelegentlich nach Verbindlichkeit und klaren Regeln im Umgang sehnen, tun das Erwachsene auch – jedenfalls dann, wenn es um ethische Entscheidungen geht. Sei es, weil man den eigenen Weg gerne als den richtigen attestiert hätte, sei es, weil man sich eine eigene, richtige Entscheidung gar nicht erst zutraut.

Am Anfang des Buchs habe ich von einer Künstlerin berichtet, die sich über die Webseite und ihr Anliegen aufregte. Am Ende des Buchs will ich Ihnen von einer guten Bekannten erzählen, die sich öfter auf der Webseite umsieht. Sie sagt, dass sie heute mehr nachdenkt, bevor sie eine Zigarettenkippe auf die Straße wirft, oder einem anderen in der Stadt einen Parkplatz vor der Nase wegschnappt. Sie habe einfach wieder angefangen, sich mit Fragen von Benimm und Anstand zu beschäftigen, was sie vorher irgendwie im Alltagsgetümmel nicht mehr getan habe.

Moral ist nichts, was in uns ist und unverändert in uns bleibt, solange wir leben. Jeder Mensch erinnert sich an Lebensphasen, in denen er robuster mit seinem Wertekanon umgegangen ist und an andere, in denen er sensibler für Moral und Anstand geworden ist. Gerade in den ersten Berufsjahren, wenn es um den Aufstieg in der Firma geht, sind Menschen bemerkenswert erfolgreich darin, ihre Moralvorstellungen so zu dehnen, dass sie zu ihrem akuten Verhalten passen – viele Themen aus diesem Bereich finden Sie im Schwesterbuch dieses Bands, der »Ich, mein Kollege und sein Job« heißt.

Der Sozialpsychologe Roy Baumeister von der Florida State University sagt, dass man nicht von sich aus moralisch handelt. Der Mensch habe nur die Fähigkeit, Moral zu trainieren. Viel mehr als ein solches Trainingsangebot ist auch dieses Buch nicht. Wenn man am Ende eine Minute länger nachdenkt, bevor man den Kaugummi auf die Straße spuckt, den Nachbarn anschnauzt, oder die Kellnerin mobbt, ist schon viel gewonnen. Und es gibt tatsächlich auch ein paar neue Konventionen. »Do's und Dont's« wie man es heute nennt, wenn man nicht sagen will: »Das tut man nicht!«

Wie dieses Buch entstanden ist

Es braucht wieder mehr Menschen in diesem Land, die sagen: »So etwas tut man nicht.« Das sagte der frühere Bundespräsident Horst Köhler in seiner Berliner Rede im Frühjahr 2009, als er sich mit dem Fehlverhalten von Managern und mit der Gier von Bankern auseinandersetzte. Als die Journalistin Ursula Weidenfeld ihn hörte, dachte sie: »Stimmt schon. Aber wer soll das sein? Und wer hat die Autorität (und den Mut), öffentlich zu sagen, was geht und was man auf keinen Fall tun darf?« Gemeinsam mit ihrer Kollegin Margaret Heckel entwickelte sie eine Idee: Eine Webseite, auf der Menschen in ethischen oder moralischen Konflikten ihre Frage stellen können. Das große Interesse an www.das-tut-man-nicht.de hat nun zu den beiden Büchern »Ich, mein Kollege und sein Job« sowie »Ich, meine Freundin und ihre Familie« geführt.

Wir möchten uns deshalb ganz besonders bei allen Fragerinnen und Fragern bedanken, die uns kontaktiert haben. Ein mindestens ebenso großer Dank gebührt allen Beantworterinnen und Beantwortern, die mit viel Wissen, Energie und Sympathie auf die Fragen geantwortet haben. Ohne Sie würde es die Webseite und die Bücher nicht geben.